고산정마을의
백세각,

성주 야계 송희규 종가

기획 경상북도 · 경북대학교 영남문화연구원 | **지은이** 이상필

경북의 종가문화 연구진

연구책임자 정우락(경북대 국어국문학과)

공동연구원 황위주(경북대 한문학과)
조재모(경북대 건축학부)

종가선정위원장 황위주(경북대 한문학과)

종가선정위원 이수환(영남대 역사학과)
홍원식(계명대 철학윤리학과)
정명섭(경북대 건축학부)
배영동(안동대 민속학과)
이세동(경북대 중어중문학과)

종가연구팀 김위경(영남문화연구원 연구원)
이재현(영남문화연구원 연구원)
최은주(영남문화연구원 연구원)
이상민(영남문화연구원 연구원)
황명환(영남문화연구원 연구보조원)
전설련(영남문화연구원 연구보조원)

축·간·사

경상북도에서 『**경북의 종가문화**』 **시리즈** 발간사업을 시작한 지 벌써 10년째가 되었습니다. 더 늦기 전에 지역의 종가문화를 기록으로 남겨 후세에 전해야 한다는 절박함에서 비롯되었던 본 사업은, 그간 많은 분들의 노고에 힘입어 어느새 55권의 책자가 발간되는 데 이르렀습니다. 이러한 결실은 우리 지역의 문화자산으로 자리 잡아가고 있어, 300만 도민의 한 사람으로서 무척 보람되게 생각합니다.

경북은 한국 전통문화를 집적해 온 중심입니다. 특히 옛것을 소중히 하는 전통문화의 중심에는 바로 경북의 종가宗家가 있습니다. 우리 도에는 240여 개소에 달하는 종가가 고유의 문화를 오늘날에도 온전히 지켜 오고 있어, 우리나라 종가문화의 보고寶庫라고 해도 과언이 아닙니다.

하지만 최근 산업화와 종손·종부의 고령화 등으로 인해 종가문화는 급격히 훼손·소멸되고 있는 실정입니다. 이에 경상북도에서는 종가문화를 보존·활용하고 발전적으로 계승하기 위해 2009년부터 **'종가문화 명품화 사업'**을 추진해 오고 있습니다. 체계적인 학술조사 및 연구를 통해 관련 인프라를 구축하고, 명품 브랜드화하는 등 향후 발전 가능성을 모색하기 위해 다방면으로 노력하고 있습니다.

경북대학교 영남문화연구원을 통해 2010년부터 추진하고 있는 『경북의 종가문화』 시리즈 발간도 이러한 사업의 일환입니다. 도내 종가를 대상으로 현재까지 『경북의 종가문화』 시리즈 55권을 발간하였으며, 결과물은 관계 문중은 물론 일반인들로부터도 큰 호응을 얻고 있습니다. 이들 시리즈는 종가의 입지조건과 형성과정, 역사, 종가의 의례 및 생활문화, 건축문화, 종손과 종부의 일상과 가풍의 전승 등을 토대로 하여 일반인들이 쉽고 재미있게 읽을 수 있는 교양서 형태의 책자 및 영상물(DVD)로 제작되었습니다. 철저한 현장조사를 바탕으로 하여 관련 분야 전문가들이 집필함으로써 알차게 내용을 꾸미는 한편, 개별 종가의 특징을 부각시키고자 노력하였습니다.

이러한 노력으로, 금년에는 **『성주 야계 송희규 종가』**, **『안동 성재 금난수 종가』**, **『봉화 팔오헌 김성구 종가』**, **『문경 청대 권상일 종가』** 등 4곳의 종가를 대상으로 시리즈 4권을 발간하게 되었습니다. 앞으로도 계속하여 도내 100개 종가를 목표로 연차 추진해 나갈 계획입니다. 이러한 시도는 종가 관련 자료의 축적을 통해 종가문화 보존 및 활용을 위한 기초자료를 제공함은 물론, 일반인들에게 우리 전통문화의 소중함과 우수성을 알리는 데 크게 도움이 될 것입니다.

한국의 종가는 수백 년에 걸쳐 지역 사회의 구심점이자 전통문화의 상징으로서 그 역할을 묵묵히 수행해 왔습니다. 최근 유교적 가치와 문화에 대한 재조명이 활발히 이루어지고 있습니다. 그 중심에는 전통문화를 올곧이 지켜 온 종문의 숨은 저력이 있었음을 기억해야 할 것입니다. 이러한 전통의 계승은 오늘날 경북의 정체성 확립은 물론, 미래지향적인 새로운 정신을 찾아 세계적인 정신문화로의 발전으로까지 이어질 수 있을 것이라 확신합니다.

앞으로 경상북도에서는 종가문화에 대한 지속적인 조사·연구 추진과 더불어, 종가의 보존관리 및 활용방안을 모색하는 데 적극 노력해 나갈 것을 약속드립니다. 이를 통해 전통문화를 소중히 지켜 오신 종손·종부님들의 자긍심을 고취시키고, 나아가 전국의 종가를 연계하는 종가문화 네트워크 구축과 더불어 종가문화를 세계적인 명품 브랜드로 육성해 나갈 계획입니다.

끝으로 이 사업을 위해 애쓰신 이영호 경북대학교 영남문화연구원장님과 연구책임자이신 정우락 교수님을 비롯한 여러 연구원 여러분, 그리고 집필자분들의 노고에 진심으로 감사드립니다. 아울러, 각별한 관심을 갖고 적극적으로 협조해 주신 종손·종부님께도 감사의 말씀을 드립니다.

2019년 6월

경상북도지사 이 철 우

지·은·이·의 말

돌아가신 아버지는 채소 농사를 참으로 잘 지으시는 분이었다. 억척같이 일해서 논 1,000여 평과 밭 1,000여 평을 마련하여 7남매를 키워 내셨다. 필자 말고는 일할 사람이 없다시며 같이 농사짓자고 하셔서, 농사일하기 싫어했던 필자는 불효막심하게도 농사를 짓지 않으려는 생각으로 공부를 억척같이 하였다.

그러나 출세하는 공부를 하지 않고 당시에는 빌어먹는다고 알려진 한문 공부를 하였다. 그것이 결과적으로 평생 밥벌이까지도 책임지게 되었으니, 세상일이란 진실로 알기 어려운 것이다. 한문 공부를 하다 보니, 나라 밖으로는 중국이나 일본, 베트남 등의 역사와 문화와 문학을 알 수 있었고, 나라 안으로는 고조선에서부터 근대에 이르기까지 거의 모든 기록이 한문으로 되어 있어 관심만 가지면 모두 알 수 있었다. 그러니 즐거움 속에 있으면서 이를 벗어날 길이 없게 되었다.

마침 남명 조식과 남명학파에 관하여 논문을 쓰다 보니, 고향 성주 지역 인물들이 거의 모두 이와 직간접적인 영향 관계에 있는 분들임을 알았다. 그래서 여러 논문을 발표하던 중 2000년 2월에는 『남명학연구』 9집에 「야계집 해제」를 실었고, 2015년 9월에는 다시 『남명학연구』 47집에 「야계 송희규의 생애와 문학」이라는 논문을 발표하게 되었다.

이 해제와 논문을 집필하면서 야계 송희규라는 인물은 오늘날 우리에게 참으로 소중한 스승 역할을 하는 분이라는 생각을 하게 되었다. 어떤 후손은 국사 교과서에 나오는 두드러진 인물도 아니라고 하지만, 야계와 동시대의 인물 가운데 어떤 이도 당시 절대 권력자였던 윤원형과 문정왕후를 향하여 야계처럼 당당히 "나는 비록 내 뼈를 마디마디 부수어서 가루로 만든다 할지라도 따를 수 없다."라고 하지는 못했다.

지식이 아무리 대단해도 그것을 현실에서 제대로 실천하지 못한다면 그 지식은 도리어 독이 될 수 있다. 당연히 부당한 요구를 하는 상관의 명령을 들어서도 안 되고, 정당하지 않은 자리에서 정당하지 않은 일을 하면서 밥벌이를 한답시고 버티고 있어서도 안 될 것이다. 야계는 그 당시 참으로 지식인다운 당당한 자세로 상황에 대처하였고, 그 점에서 그를 길이 스승으로 생각할 수밖에 없다. 어찌 교과서에 나오는 이름 있는 사람들을 그 명망만 보고 이 분과 견줄 수 있겠는가? 행동이 따르지 않는 지식, 그것은 예전에도 의미가 없었고 지금도 의미가 없으며 앞으로도 의미가 없을 것이다.

야계의 후손 가운데 일제 강점기를 살았던 공산 송준필은, 자신을 따르는 집안사람들과 함께 4·2 만세 운동과 파리장서 운동에 적극적으로 가담하였다. 이 또한 집안 대대로 내려오는 학문 전통의 영향이 아니라고 할 수 없을 것이다.

오늘날은 당시처럼 어려운 시대는 아니다. 그러나 세상을 살아가는 사소함 속에서도 당당하게 살아가려는 자세가 필요 없다고는 아무도 말하지 못할 것이다. 오히려 이런 시대에 당당하게 처신하기가 더 어려울지도 모른다.

야계 송희규 종가에 대한 글을 쓰면서 자신을 돌아보고 더욱 마음을 다잡는다. 이 글을 읽는 모든 사람들도 이런 생각을 가지리라 여기며, 혹여 잘못된 부분이 있으면 달게 질정을 받겠다.

100년 전 만세운동을 생각하며

이상필 씀

성주 야계 송희규 종가

목 차

제 1 장

종가의 위치와 정착 과정

종가의 위치와
정착 과정

1 성주 고산정마을

야계倻溪 송희규宋希奎의 종가가 있는 고산정高山亭 마을은 성주군星州郡 초전면草田面에 위치해 있다. 성주군은 지금 참외의 고장으로 전국에 널리 알려져 있고, 그런 만큼 군민들이 대체로 이로 인해 부유한 삶을 누리고 있다. 그러나 참외의 고장이라는 수식어는 성주의 역사와 문화, 전통에 대한 이해 없이 오직 경제 활동만을 의식해 만들어진 것이다. 고향이 성주인 필자로서는 이 말을 들을 때마다 마음 한구석에 슬며시 씁쓸함이 느껴지곤 한다.

성주는 삼국시대 이전 가야국伽倻國이 있었던 지역이다. 지금도 가야산伽倻山이라는 이름이 남아 있어 가야국과의 연관성이 자연스럽게 떠오른다. 당시는 벽진가야碧珍伽倻 또는 성산가야星山

伽倻라고 하였으며, 신라에 통합된 뒤로는 가리현加利縣, 고려시대에는 경산부京山府, 조선시대에는 성주목星州牧이 되었다. 한때는 관할 영역이 인근 칠곡과 하빈, 화원에서부터 충청도 영동에까지 미치는 거대한 고을이었다. 지역적으로 영남의 요충에 있었을 뿐만 아니라, 고려시대의 이조년李兆年과 이숭인李崇仁, 조선 초기의 행정杏亭 도형都衡과 원정圓亭 여희림呂希臨, 야계倻溪 송희규宋希奎, 칠봉七峰 김희삼金希參, 조선 중기의 개암開巖 김우굉金宇宏, 동강東岡 김우옹金宇顒 형제와 백곡栢谷 정곤수鄭崑壽, 한강寒岡 정구鄭逑 형제, 조선 후기의 응와凝窩 이원조李源祚와 한주寒洲 이진상李震相 숙질은 물론, 한말과 일제 시기에 이름을 떨친 대계大溪 이승희李承熙, 공산恭山 송준필宋浚弼, 심산心山 김창숙金昌淑 등 걸출한 인물을 배출했다는 측면에서도 영남 지역에서 가장 선비가 많았던 지역 가운데 하나라 할 수 있다.

성주군의 초전면 고산정마을은 야계 송희규의 후손들이 500여 년을 대대로 살아온 집성촌이다. 성주는 성주읍이 중앙에 위치하고 나머지 아홉 면이 이를 둘러싸고 있는 형태를 이루고 있는데, 초전면은 성주읍의 북쪽에 있으면서 동쪽으로는 월항면, 서쪽으로는 벽진면과 접경하고 있으며, 그 북쪽으로는 김천시와 경계를 이루고 있다.

가야산伽倻山 줄기가 수도산修道山을 거쳐 김천시와 경계를 이루는 용봉산龍鳳山이 된다. 한 줄기가 남쪽으로 흘러내려 자양산紫陽山이 되고, 이 산이 다시 북쪽과 동쪽으로 감아 돌아 봉암산

고산정마을

鳳巖山이 되는데, 봉암산 아래 난산卵山이 들판 앞에서 살짝 맺어지는 곳에 동향으로 앉은 집이 백세각이 있는 공서公西 곧 음지뜸이고, 북쪽으로 내를 건너 남향으로 형성된 곳이 공동公東 즉 양지뜸이다. 이 두 곳을 아울러 고산정高山亭이라 한다.

초전면 소재지에서부터 들어오는 입구에 야계 송희규의 효자정려비각이 세워져 있고, 마을에 들어서면 유곡천酉谷川이 마을 가운데를 흘러가는데, 그 남쪽에 야계 송희규의 종가 백세각百世閣이 회화나무 세 그루 아래에 점잖게 앉아 있다. 송희규의 증손 송광정宋光廷의 재실 송간정松磵亭이 백세각 앞 동북쪽에 있고, 그 아우 송광계宋光啓의 아호를 딴 용계서당龍溪書堂이 양지뜸에 있으며, 고산정마을 안쪽으로 내를 따라 좀 더 올라가면 좌측으로 봉암산 줄기의 손동遜洞이 나온다. 이곳에는 송희규와 그 조카 송사이宋師頤를 향사했던 봉강서원鳳岡書院이 있을 뿐만 아니라 야계 송희규의 묘소와 그 후손들의 묘소가 질서정연하게 모여 있어 사후에도 훈훈한 가족애를 느끼고 있는 듯하다.

고산정이란 마을 이름은 그 유래를 정확히 알 수는 없다. 귀암歸巖 이원정李元禎이 1677년에 엮은 성주읍지 『경산지京山志』에는 이곳이 '공산정公山亭'이라 표기되어 있다. 아마도 이 마을에 처음으로 들어와서 살았던 야계 송희규가 양재역 벽서 사건에 휘말려서 전라도 고산현高山縣에 유배되었다가 풀려난 뒤 이곳에서 살다가 고종考終하였다는 의미에서 '공산정'과 발음이 비슷한 '고산정高山亭'으로 변형된 것이 아닌가 한다. '공산정'이나 '공동', '공서' 등의 지명과 이 마을에 살았던 사람들이 '고산', '공산' 등의 호를 사용한 것을 보면 그전부터 봉암산 자락에서 이 마을로 흘러내리는 산을 '공산公山'이라 이름하였던 것 같다. 이곳이 고산현에 유배당했다가 돌아온 야계 송희규의 만년 거주지가 되고 그 후손들이 대대로 살게 되면서 자연스럽게 '귀인貴人 공公' 자가 '높을 고高' 자로 바뀐 듯하다.

종가의 위치와
정착 과정

2 야로에서 성주로

야계 송희규의 본관지는 야로현冶爐縣인데, 지금의 합천군 북쪽 야로면을 중심으로 하는 지역을 말하며 야성冶城이라고도 한다. 시조는 야성군冶城君 송맹영宋孟英이며, 그의 8세손 송기宋綺에 이르기까지는 모두 본관지에 살았으나, 시조의 9세손 송구宋構가 경상감사를 하던 시기인 1345년 무렵에 이르러 성주의 소래[松川]에 터를 잡아 정착하게 되었다고 한다.

『야성송씨충숙공파보冶城宋氏忠肅公派譜』의 송구宋構 항목에, "충목왕 원년 을유년(1345)에 경상감사였다. 공이 일찍이 재상災傷어사御史로서 성주를 지나다가 소래에서 장지가 될 만한 땅을 얻었다. 그래서 합천으로부터 이곳으로 와서 살게 되었다."라는 기

『야성송씨충숙공파보』

록이 보인다. 그러나 송기宋綺의 처부 경산京山(성주의 옛 이름) 배선裵瑄이 이미 오래전부터 성주에 터를 잡고 있었으니, 그 외손으로서 재산을 분급받았다면, 그것이 성주에 정착할 수 있었던 최소한의 근거가 되지 않았을까 한다.

송구宋構의 조모가 농서이씨隴西李氏이고 어머니가 성주배씨星州裵氏인 점에서 이곳으로 이거할 만한 터전이 성주에 이미 있었음을 짐작할 수 있고, 이후로도 계속 성주 또는 그 인근의 유력한 성씨인 창원황씨昌原黃氏, 경산이씨京山李氏, 창녕장씨昌寧張氏, 농서이씨隴西李氏, 안동권씨安東權氏, 전의이씨全義李氏, 성주도씨星州都氏 등과의 혼인이 연계되고 있다. 이를 통해 송희규 가계는 성주 지역을 근거지로 하여 끊임없이 가문의 품격을 유지하고 발전시켜 왔음을 알 수 있다.

송구 묘도비와 추원당

송구 묘도비

1) 야로冶爐에서의 9대

야성송씨의 본관지는 합천군 야로冶爐지만, 1941년에 야로면 구정리에 구정재九政齋를 건립하기 전까지는 야로 지역에 역사적 근거가 될 만한 묘소나 재실 같은 유적이 없었다.

야로에서의 9대를 족보에 따라 정리한 것이 아래의 표다. 생몰 연대나 묘소의 위치에 관한 정보도 없고, 관작의 표기 방법이 품계, 관청, 관직 등으로 일관되게 기록되어 있지 않은 것으로 보아 여타 가문의 고려조 인물 기록 방법과 거의 동일함을 알 수 있다. 이는 대체로 당대에 기록된 것이 아니고 후대에 전문傳聞을 기록해 두었기 때문으로 보인다.

주목되는 것은 7세 송정백의 부인이 고령박씨 박인걸의 딸이란 점이다. 박인걸은 고령 도진桃津에 세거하는 고령박씨 시조 박환朴還의 현손인데, 10대의 세월이 흐른 뒤 야계 송희규의 아들 송

야로에 살았던 야성송씨 9대

세대	성명	관직	부인
시조	宋孟英	冶城君 諫議大夫摠部議郎	
2세	宋昌	檢校神虎衛大將軍	
3세	宋瑀	文林郎小府小監	鴻山韓氏
4세	宋仁婿	尙書戸部令史同正	安山宋氏維女戸長中尹
5세	宋光輔	參知政事	黃利金氏榮緖女太子詹事濬孫
6세	宋德修	知樞密院將仕郎尙衣直長	晉州鄭氏玄女將仕郎主事同正
7세	宋貞栢	右承宣兼密直提學	高靈朴氏仁傑女
8세	宋璟	正憲大夫政堂文學	京山李氏仲和女
9세	宋綺	大匡輔國門下平章事	京山裵氏瑄女

현이 박인걸의 아우 박인비의 9대손녀와 혼인하기 때문이다. 이 두 가문은 서로 인근하고 있던 야로와 고령의 재지 사족이었고, 명망과 재물이 서로 비등하였기 때문에 이런 혼인이 중첩으로 이루어진 것으로 보인다. 특히 야계 송희규가 조선 명종 시절에 성주로 유배 와 있던 동방同榜 묵재默齋 이문건李文楗을 인도하여, 자신의 사돈이 있는 도진으로 가서 놀다 온 기록이 『묵재일기』에 전해 오는 것은, 이 두 가문의 친밀함을 단적으로 증명해 주는 일 가운데 하나라 할 것이다.

8세 송경宋璟의 부인은 경산이씨 이중화李仲和의 딸이라고 되어 있는데, 경산은 성주의 고려 때 이름이니 성주 사람과 혼인하였다는 것이고 그래서 손자 송구의 대에 이르러 성주에 정착할 수 있었을 것으로 생각된다. 성주에는 성주를 본관으로 하면서도 조상을 달리하는 여섯 이씨가 있는데, 이 가운데 이중화를 조상으로 기록하고 있는 집은 없다. 경주이씨 가운데 고려 때 중화라는 이름이 보이기는 하나 동일인 여부는 불분명하다. 그러나 이중화가 경산박씨 박휘朴揮의 사위라고 되어 있고, 당시의 본관은 거주지의 개념이 강했으므로 이들이 성주에 살았던 인물이라는 점에 대해서는 의심의 여지가 없을 것이다.

더구나 9세 송기의 부인은 경산배씨京山裵氏 배선裵瑄의 딸로 기록되어 있다. 배선의 집안은 지금 성주배씨로 알려진 가문이다. 그는 이돈문李敦文의 사위인데, 이돈문은 성주이씨 중시조 이장경李長庚의 조부다. 성주이씨 역시 성주를 재지 기반으로 하고 있었던 사족 가문이다. 이처럼 양대에 걸쳐 성주에 살던 인물과 혼인이 이루어졌으니, 당대에는 재산이 균분상속되었다는 점을 감안하면 다음 대인 경상감사 송구宋構가 성주에 정착한 것도 이러한 재지적 기반을 바탕으로 하였음을 충분히 짐작할 수 있다.

2) 성주星州에서의 7대

앞에서 언급한 것처럼 야계 송희규의 6대조 송구가 성주 소래[松川]로 이거하였으며, 그 아들 송길창宋吉昌은 가선대부에 올라 행직으로 개성윤開城尹을 지냈고 야성군冶城君에 습봉되었다. 송천우, 송수겸, 송소, 송방현 등의 4대 동안은 조선 초기에 해당되는데, 이들은 장례원 판결사, 진잠현감, 사온서 직장, 충무위 부사직 등의 관직을 역임하면서 재지 사족 가문다운 품격을 유지해 왔다. 그러다 야계 송희규가 진사에 입격한 뒤 문과에 급제하여 여러 청직을 거쳐 사헌부집의司憲府執義로 있을 때 을사사화乙巳士禍가 일어났다. 이때 문정왕후가 윤원형의 뜻에 따른 밀지를 내렸으나 이를 받들지 않음으로써 나중 양재역 벽서 사건 때 전라도 고산현高山縣으로 유배를 가게 되었고, 이로 인해 을사명현乙巳名賢으로 알려졌다. 뿐만 아니라 아들 송현宋鉉도 문과에 급제하였고, 손자 송유경宋惟敬은 생원에 입격하였으며, 증손 송광정宋光廷과 송광계宋光啓 형제 또한 문과에 급제하여 성주의 명문으로 크게 알려지게 된 것이다.

성주에 살았던 야성송씨 7대

세대	성명	관직	부인	묘소
10세	宋構	京畿監司	義昌黃氏群玉女	墓在檜洞合墳
11세	宋吉昌	開城尹襲封冶城君	昌寧張氏天年女	墓在檜洞雙墳
12세	宋千祐(?-1437)	掌隷院判決事	星州李氏衍生女	墓在檜洞合墳
13세	宋守謙	鎭岑縣監	安東權氏軫女	墓在檜洞
14세	宋紹(1415-1474)	司醞署直長	全義李氏萬幹女	墓在檜洞
15세	宋邦賢	忠武衛副司直	義昌黃氏珍女	墓在檜洞
16세	宋希奎(1494-1558)	弘文館校理	善山金氏匡佐女	墓在遜洞雙墳

송천우의 장인 이연생李衍生은 성주이씨 중시조 이장경의 증손이다. 송천우의 고조부 송기 또한 이장경의 조부 이돈문의 외손서였으니 성주이씨와의 인연이 남다르다고 할 수 있다. 또한 송구의 처가와 송방현의 처가가 공히 의창황씨라는 점도 눈여겨볼 만하다. 의창은 창원의 옛 이름인데, 성주 지역에 고려시대부터 의창황씨가 상당한 재지 세력으로 자리매김되어 있었음을 알 수 있기 때문이다.

추원당 안내판

추원당

추원당 현판

제2장

야계 송희규의 생애와 문학

야계 송희규의
생애와 문학

1 생애와 사환

1) 송희규의 가계家系

야계 송희규의 6대조가 처음 성주로 이거한 송구宋構다. 송구의 두 아들이 낭장郎將 송길흥宋吉興과 야성군冶城君 송길창宋吉昌인데, 송길창이 송희규의 5대조다. 그 아들 송천우宋千祐는 판결사判決事였고, 손자 송수겸宋守謙은 진잠현감鎭岑縣監이었으며, 증손 송소宋紹는 사온직장司醞直長이었고, 현손 송방현宋邦賢은 부사직副司直이었으니, 대를 이어 문무의 중앙 관직을 맡아 온 유력한 가문이었음을 알 수 있다. 송방현이 아들 여섯을 두었는데, 그 셋째가 야계 송희규다. 둘째 형 송응규宋應奎의 아들 신연新淵 송사이宋師頤는 남명南冥 문인으로서 이름이 있었고, 손자 아헌啞軒

송원기宋遠器 또한 당대에 학행으로 이름이 높았던 인물이다.

송희규는 선산인善山人 김광좌金匡佐의 딸에게 장가들었다. 송당松堂 박영朴英의 문인門人으로 이름난 진락당眞樂堂 김취성金就成(1492~1551)과 구암久菴 김취문金就文(1509~1570)은 처남이면서 가까운 벗이었다. 아들 송현宋鉉은 고령인高靈人 양산군수梁山郡守 박계조朴繼祖의 딸과 혼인하였는데, 그 처남이 죽연竹淵 박윤朴潤, 낙락당樂樂堂 박택朴澤이다. 박윤과 박택 또한 남명의 문인이었기에, 남명은 가끔 도진에 있던 박윤의 집에 들르거나, 송사이를 만나기 위해 성주에 들르기도 하였다.

가계를 도표화하면 대개 다음과 같다.

시조로부터 송희규까지의 가계도

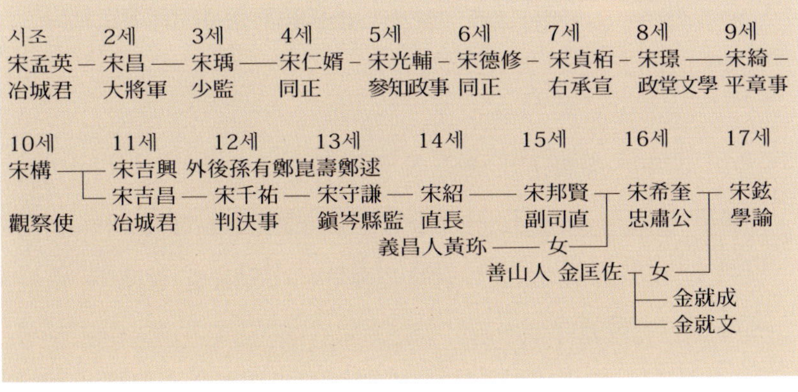

2) 생장과 사우연원

송희규는 1494년 정월 성주 초전면의 소래[松川]마을에서 태어났다. 『야계집』의 「연보」에는 7세 때에 『소학』을 읽고 10세 때 『맹자』를 읽었으며, 11세 때에는 행정杏亭 도형都衡(1480–1547)에게 수학했다고 되어 있다. 당시 도형은 고개 너머 은행정마을에 살았는데, 송희규는 아침저녁으로 그를 찾아가 배웠다고 한다. 이 때의 일화가 「연보」에 다음과 같이 기록되어 있다.

> 하루는 어두울 때 집으로 돌아오다가 친척 집에 들어가려고 그 집 문을 바라보며 가고 있었다. 문에 이르기 전에 문득 가시덤불 속에서 일찍이 본 듯한 한 할머니가 선생의 이름을 불렀다. 그 태도가 마치 장난하려는 것 같았다. 선생이 가까이 가서 보니 허깨비였다. 선생이 때리려고 하자 그 형상이 점점 소멸되었다. 천천히 걸어서 집에 이르도록 조금도 두려워하는 낯빛이 없었다. 그 기백이 보통 사람보다 뛰어나다는 것을 이런 데서 알 수 있다.

이 일화는 송희규의 생장 과정과 관련되어 전해지던 이야기를 채록한 것으로 보인다. 기백이 남달랐다는 것과 함께 매사를 침착하게 처리할 수 있는 능력이 일찍부터 있었음을 알게 해 주는 에피소드라 하겠다.

송희규는 20세 때인 1513년에 사마시에 입격하여 진사가 되었고, 26세 때인 1519년 문과 별시에 급제하였다. 사마 동년 가운데 송희규와 관계가 깊은 사람은 이약빙李若氷(1489–1547), 이언적

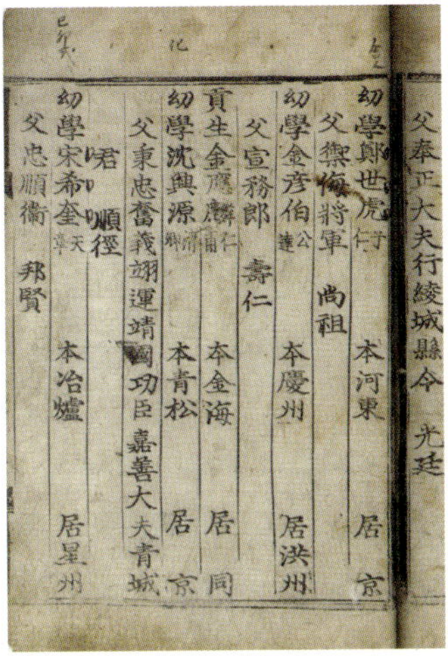

父奉正大夫行綾城縣令 光廷
幼學鄭世虎 本河東 居京
父禦侮將軍 尙祖
幼學金彦伯 本慶州 居洪州
父宣務郎 壽仁
貢生金應麟 本金海 居同
幼學沈興源 本青松 居京
父秉忠奮義翊運靖國功臣嘉善大夫青城君 順徑
幼學宋希奎 本冶爐 居星州
父忠順衛 邦賢

『정덕계유사마방목』(경상대학교 문천각 소장)

李彦迪(1491–1553), 이수오李秀塢(1474–?), 태두남太斗南(1486–1536), 이광李光(1485–1551), 이령李翎(1483–1521), 김명윤金明胤(1493–1572), 송순宋純(1493–1583), 민제인閔齊仁(1493–1549), 이문건李文楗(1494–1567) 등이 있으며, 문과 동문으로는 송순과 김광준金光準(?–1553) 등이 있다. 송희규는 평생 이때의 동년들과 좋은 일로든 좋지 않은 일로든 깊은 관계를 맺었다.

3) 출사 이후의 활동

송희규는 1520년 성균관학유成均館學諭로 벼슬하기 시작하여 1547년 대구부사大丘府使로 있다가 양재역 벽서 사건에 얽혀 전라도 고산현으로 유배 가기까지, 외직으로는 현풍현감·흥해군수·상주목사·김해부사·대구부사 등을 역임하였으며, 내직으로는 사헌부의 장령과 집의 등을 역임하였다.

이 출사 기간 중에 송희규는 30세 때인 1523년 5월 아버지 상을 당하여 1525년 7월까지 여묘를 살면서 상복을 입었으며, 48세 때인 1541년 4월에는 어머니 상을 당하여 1543년 6월까지 여묘를 살았다. 1543년 9월에 경상도 관찰사 이언적의 장계에 따라 "효성과 우애를 가상히 여길 만하다.[孝友可嘉]"는 내용으로 정려가 내렸다.

이는 『중종실록』 38년(1543) 9월 갑진 3일 조 및 동년 동월 기사 28일 조에 보이는 기록이다. 송희규의 「연보」에는 사후인 1560년 칠봉七峰 김희삼金希參이 정문呈文을 올려 1562년에 정려가 내린 것으로 되어 있다. 1560년은 바로 김희삼이 죽은 해일 뿐만 아니라, 그 아들 김우옹의 문집 『동강집東岡集』의 「선군자칠봉선생행록先君子七峰先生行錄」에도 이 관계 기사는 보이지 않으므로, 실록의 기사를 기준으로 하는 것이 옳을 듯하다. 또 『야계집』의 부록에 보이는 「정려비旌閭碑 음기陰記」는 1562년에 김희삼이 쓴 것으로 되어 있으나, 김희삼은 1560년에 죽은 사람이니, 이와 관련된 기록에 무언가 착오가 있는 것으로 보인다.

여하튼 조선시대에 효자로 정려가 내려지는 것은 평범한 효자들 가운데 단연 돋보이는 행동을 한 경우에만 가능하였는데, 송희규의 경우에는 더구나 나중에 문묘에 종사된 회재 이언적의 장계에 의해 정려가 내려졌으니 그 효행의 실상이 얼마나 지극하였던가 하는 점은 충분히 짐작할 수 있다.

1534년에서 1538년까지는 흥해군수로 있었다. 흥해는 경주와 인접해 있는데, 사마 동년인 회재 이언적이 관직에서 밀려나 1531년에서 1537년 11월까지 경주의 자옥산紫玉山 아래로 들어가 학문에 몰두하면서 유유자적하고 있었다. 그러니 이들이 자주 만날 수 있었던 시기는 대체로 송희규가 흥해군수로 부임하던 1534년에서 이언적이 상경하게 되는 1537년 사이의 4년간이라고 하겠다. 이언적과 송희규가 주고받은 시들을 보면, 공무의 여가에 송희규가 이언적을 찾아가 자주 만난 것으로 보인다. 송희규는 임기가 만료될 무렵 "관에 있으면서 부지런하고 근신하며, 세금 부과가 공평하고 간소하여 백성들이 매우 편안해한다."(『중종실록』 33년 11월 병자 6일)는 관찰사의 장계에 따라 특별히 품계가 올랐으며, 떠난 뒤에는 흥해 사람들이 유애비遺愛碑를 세워 주었다고 한다.

1539년에서 1541년 4월 어머니 상을 당할 때까지 상주목사로 있었다. 송희규와 문과에 동방 급제한 상주 출신의 김광준金光準이 1539년 10월 28일에 대사간이 되었는데, 그 얼마 뒤 상주에서 김광준과 관련이 있는 옥사가 일어났다. 이와 관련된 『실록』의 기록은 명종 즉위년(1545) 8월 병신 6일 조, 명종 6년(1551) 2월 갑신 26일 조, 명종 8년(1553) 11월 기미 17일 조에 보인다. 이는 김광준의 아버지가 첩과 첩의 아들에게 빠져 재산 대부분을 이들에게 넘

以其誇張代東宮之事厭払而罪之何如違労之人以一罪論之
未穩其遣史官議于三公三公議啓宸以內需司奴聽東宮下
人之教稱為代身則似或可恕但假代身之說所至誇張煽惑
人聽騰播衆口罪難容貸傳曰知道○太白晝見○丙子下慶
尙道觀察使姜顯陞黜書狀
于政院曰草溪郡守李壽福所為之事至誤如此之事罪犯贓汚
壽福呑不因則不無逃亡之弊而監司所為亦甚不嚴姜顯行
公推考可也近聞三公之言則貪風大振廉恥道喪廉平謹職
者當特褒獎故前者各道監司所褒守令皆為特加一資矣晉州
牧使金海府使咸安郡守興海郡守等可特給一資高靈縣監
罷後推之草溪郡守拿來推之○傳于政院曰今見官案則鄭
瓊為通訓前日應褒守令有資窮而陞為堂上者乃同給賞資
而獨於資窮者不及則殊無褒美之意然陞堂上甚重鄭瓊所

중종 33년 흥해에서의 치적을 보이는 『실록』 기록(국사편찬위원회 제공)

겨준 것에 앙심을 품고 이들을 무고誣告하여 죄를 주려고 한 사건이다. 부친 거상 중에 형마저 죽자, 김광준이 형수를 사주하여 그것이 아버지 첩의 아들 소행이라 무고하여 당시 상주목사였던 송희규에게 죄 주기를 요청한 것이다. 송희규는 마지못해 첩의 아들을 감금하긴 했으나, 마침 지나가던 회재 이언적과 문경현감 안경우에게 상의하여 결국 무고로 처리하였고, 이 판결로 인해 김광준만 난처하게 되었다. 김광준은 자신의 사욕을 부리려다가 이언적과 송희규, 문경현감 안경우 등이 연대함으로써 좌절되고 만 이 사건을 기억하고 있다가, 명종 즉위 이후 윤원형을 붙좇아 사화를 일으킬 적에 이들이 자신들에게 동조하지 않았다 하여,

양재역 벽서 사건이 일어나자 이들을 모두 유배형에 처하도록 한 것이다.

「연보」에는 송희규가 1543년 8월에 김해부사가 되었고, 이듬해인 1544년 3월에 병 때문에 벼슬을 버리고 고향으로 돌아왔다고 되어 있다. 그리고 중간본 「연보」에는 이때 남명南冥 조식曺植을 산해정山海亭으로 찾아가 만났다고 적혀 있다. 그러나 조식과 송희규가 주고받은 글이 현재 남아 있지 않아 얼마나 친분이 두터웠던가에 대해서는 자세히 알 수 없다.

인종 원년(1545)에 사헌부司憲府의 장령掌令이 되고 5월에는 집의執義가 되었다. 이해 7월 인종이 죽고 명종이 즉위하면서 송희규는 정치적으로 심각한 상황을 만나게 된다. 그해 8월 윤원형尹元衡의 뜻에 따라 문정왕후가 밀지를 내리자, 대사헌 민제인閔齊仁과 대사간 김광준金光準이 윤임尹任·유관柳灌·유인숙柳仁淑 등을 논죄論罪하기 위해 미리 사헌부와 사간원의 관원을 모두 중학中學에 모이게 한 뒤, 밀지에 동조하는 의견을 모으려고 하면서 은근히 협박하기까지 한 것이다.

이에 송희규가 가장 먼저 상황을 알아차리고, "대신에게 참으로 죄가 있다면 마땅히 드러내 놓고 처벌하는 것이 가하다. 그런데 지금은 대비가 밀지密旨를 내렸다 하니, 이것이 어찌 성세盛世의 일이겠는가?"라고 하였다. 양사는 국가의 공론을 담당하는 기관인데, 문정왕후의 밀지에 맞추어 공론을 정하라는 것에 동조할 수 없다는 뜻이었다.

因材誘掖敎誨諄悉遠邇爭趨戶庭恒滿壬季年文學彬彬焉乙丑 明
廟二十年也在位久聖治日新因公論放黜元衡稍雪乙巳被罪人命移
恩津縣丁卯三公啓先生學問該博可備經筵勸講必能有補聖學陞至
資憲大夫行副提學贈左贊成

宋希奎傳

宋希奎字天章本陝川郡屬縣冶爐人也牧商山有一權臣金姓人住于
其境羅織無辜籍及貴豆公明辨曲直唯義是從以故忤逆其意丁未璧
書之禍竟中含沙其梗槩在於晦齋先生文集中沙伐國傳歲乙巳 仁
廟昇遐 明廟踐祚年尙幼沖政出東朝奸臣李芑尹元衡等乘時挾憾
謀除尹任之黨以洩私憤以樹威權先以不利之言動搖慈殿然後密奉
慈旨鱗角臺諫爲一網打盡之計公時爲執義首知其事機言於同僚曰
大臣誠有罪當顯戮之可也今聞內降密旨是豈盛世事乎獻納白仁傑
曰密旨之事吾當力論之是日兩司會議于中學大司憲閔公極力勸行
公曰我則雖寸剉吾骨而碎之有不從也因曰尹元衡以國元舅主張國
論不能引君於義反爲除嘷國母戕害忠良可乎今日必先去此人然後
國是可定矣座中如金磏朴光祐諸人同聲相應揚臂大言意氣奮發凜
不可犯丁未追論執義時事竄于高山縣居五載蒙恩放還安居田里優
遊六七年自號倻溪散翁以詩酒自娛戊午卒歲乙丑朝廷昭雪舊寃還
給告身其時首相啓辭有溫恭正直忠義大節等語公固有之此八字盡
之矣

白仁傑傳

白仁傑字士偉水原人登丁酉科 仁廟朝自南平縣監入爲持平乙巳
爲獻納是時大司諫金光準大司憲閔齊仁受尹元衡李芑陰嗾而托承
密旨構陷柳灌等於無形之罪臺諫不同聲曰兩司詣闕辭以不得相容
及退公仍留獨啓曰自上政事雖纖微之事當光明正大今者尹任事當
議于院相而處之而內降密旨于尹元衡使數三宰臣直啓而定其罪則

『대동야승』 「을사전문록」(한국고전번역원 제공)

특히 이 과정에서 송희규는, "나는 비록 내 뼈를 마디마디 부수어서 가루로 만든다 할지라도 따를 수 없다."(『대동야승』 「을사전문록」, 『류희춘전』, 『미암집』, 『국조기사』, 『조야회통』, 『해동명신록』, 『경산지』)며 불의에 강력히 항거하였다. 그러자 좌중이 모두 이에 동조함으로써, 양사의 합의로 윤임·유관·유인숙 등을 논죄하려 했던 민제인과 김광준의 뜻이 좌절되었다.

이후 송희규는 1546년 10월 중시重試에 뽑힌 뒤 대구부사에 제수되었다. 그러나 1547년 9월에 양재역 벽서 사건이 일어나 이기李芑, 민제인閔齊仁, 김광준金光準, 윤원형尹元衡 등의 뜻을 거스른 사람들이 모두 화를 당했다. 을사사화 초기 이들의 뜻을 거스른 송희규도 이때 전라도 고산현에 중도부처되었다가 1551년 6월에야 방환되었다.

4) 만년의 고향 생활

송희규는 방환된 뒤 성주에 유배 와 있던 사마 동년인 묵재默齋 이문건李文楗, 선산부사善山府使 기촌企村 송순宋純 등과 비교적 자주 교유한다. 그러나 이들과의 교제에서 정치적인 측면이 포착되지는 않는다. 대부분 만나서 장기를 두거나 술을 마시면서 시간을 보냈다. 근래에 공개된 『묵재일기默齋日記』에 이러한 사실이 매우 자세하게 드러나 있다. 그러므로 방환 이후 몰년까지는 세상을 거의 잊고 산 시기라고 할 수 있을 듯하다.

1554년 10월 20일 선산善山의 매학정梅鶴亭에서 방회榜會를 하려다가 장원壯元인 상주목사尙州牧使 신잠申潛(1491–1554)이 올 수 없었기 때문에 미루어서, 11월 12일에 방회를 열었다. 이때 참석한 사람은 상주목사 신잠, 선산부사 송순, 전 상주목사 송희규(1494–1558) 및 황리옥黃李沃, 변광邊廣, 이문건(1494–1567) 등 6인이다. 시를 짓지는 않고 술과 음악과 춤으로 즐겼다. 그날 있었던 일을 이문건은 다음과 같이 기록하고 있다.

> 대둔사에 머물러 방회를 열었다. 일찍 일어나 머리를 빗었다. 사일士一과 천장天章 등이 여기에 모여 함께 만두를 먹으며 술잔을 돌리다가 멈추고 장기를 두었다. 다시 아침밥을 먹고 난 뒤에 법당에 올라가 방회를 열었다.
>
> 장원壯元(申潛)이 가운데 좌정하고, 사일士一(宋純)과 천장天章(宋希奎)이 동쪽으로 좌정하고, 황옥약黃沃若(黃李沃)과 변계척邊季拓(邊廣)은 서쪽으로 좌정하고 나(이문건)는 마땅히 말석에 앉아야 하는데, 원량元亮(申潛)이 가색장假色掌은 마땅히 옥약沃若(黃李沃)보다 상석에 앉아야 한다고 말했다. 그래서

내가 황리옥과 함께 서쪽으로 좌정하고 변광이 말석에 앉았다.

악기를 진설하고 과일 소반을 올리고 춤추는 대열을 나오도록 하였다. 내가 색장으로서 먼저 음주의 의례를 거행하였다. 다 마친 뒤에 바로 각각의 춤추는 대열에게 음식을 먹도록 하였다.

계척(邊廣)이 단령團領(관복)을 입고 오지 않았기 때문에 홀로 벌주를 마셨다. 나와 천장天章은 또한 붉은 직령直領(두루마기)을 입었으나 우대하여 책벌하지 않았다. 다음으로는 계척이 음주의 의례를 거행하였다. 그다음은 황옥약이 하고, 그다음은 송천장이 하고, 그다음은 사일이 하고, 마지막에 장원이 거행하였다.

취하여 몹시 기뻐하며, 손을 잡고 옛날이야기를 하였다. 아랫자리에서부터 일어나 춤을 추었다. 나도 춤을 추었다. 춤이 끝날 즈음 숨이 가빠졌으니, 이는 노쇠했기 때문이다. 저물녘에 밥을 먹은 뒤 술을 마셨다. 각기 술을 돌리다가 밤이 깊어서야 비로소 파하였다.

내려가 선당禪堂에 모여 다시 작은 술자리를 마련하였다. 황과 변 두 동년형은 취하지 않아서 억지로 뭇기생들을 일어나 오도록 하여, 이에 모여서 함께 술을 마신 뒤에야 파하였다.

다시 원량과 같은 당에서 잠을 잤다. 병풍으로 잠자리를 분리시킨 뒤에 향란香蘭으로 하여금 그 곁에 들어가게 하였다. 그러자 장원은 다시 상주 기녀로 하여금 내 곁에 들어오도록 하여 잠을 자게 하였다.

[◯留大芚寺做榜會. ◯早起梳洗 士一天章等會于此 共喫饅頭 巡酌而止. 着將棋 復朝飯 飯後 上法堂做榜會 壯元坐中 士一天章坐東 黃沃若邊季拓居西 吾當坐末 而元亮謂宜爲假色掌 許坐沃若上 陳樂進果盤薦隊 吾以色掌先行酒禮 畢行後乃餉各隊焉. 季拓不服圓領 獨飮罰酒 吾與天章 亦服紅直領而優之不罰 次季拓行酒 次黃 次天章 次士一公 而後壯元行酒 醉而歡甚 携手而語舊 自下起舞 吾亦舞 舞已喘逼 老衰故也. 昏啗飯後飮 各行酒 夜深乃罷 下會禪堂 更設少飮 黃邊兩年兄醉不至 强群妓擧之而來 乃會共酌而罷之 復與元亮 共堂而宿 以屛設隔 令香蘭入傍焉. 壯元復令尙妓入我傍 使之宿.]

李文楗, 『黙齋日記』, 「嘉靖 33年(1554) 11月 12日條」

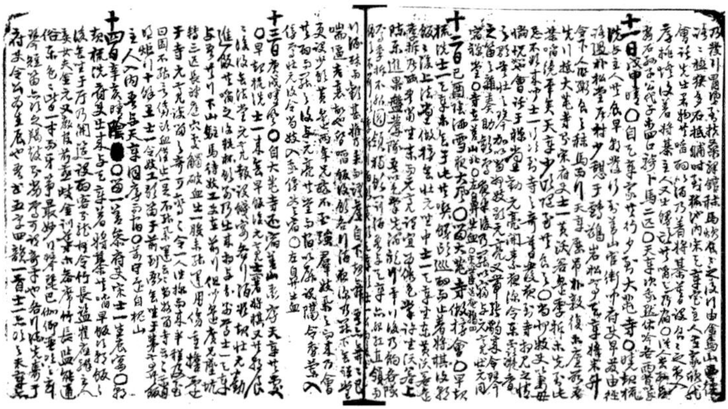

『묵재일기』 가정 33년(1554) 11월 12일 조(국사편찬위원회 제공)

이와 같은 경우는 늘 있는 일이 아니었지만, 『묵재일기』를 통해서 보면 송희규는 이문건과 함께 성주와 선산에 있던 송희규의 집은 물론 가천면 양정楊亭에 있던 친형 송응규宋應奎의 집에서, 또는 대가 유촌柳村에 살던 이광李光, 월항 암포巖浦에 살던 이태연李泰然, 선남 무남개[水餘浦]에 살던 권응정權應挺·권응창權應昌 등과의 모임에서도 대체로 술과 음악, 장기 등으로 시간을 보냈음을 확인할 수 있다.

1556년 겨울에 문과에 막 급제하여 앞길이 양양하던 외동아들을 앞세운 뒤, 그 슬픔 때문인지 그 뒤 1년 남짓 만에 황달을 얻어 송희규 또한 운명하게 된다.

야계 송희규의
생애와 문학

2 문학 세계의 특징적 면모

3권의 『야계집』 가운데 제1권이 송희규의 작품이고, 나머지 2권은 부록이다. 송희규의 작품은 부賦 6편, 시詩 8편, 계사啓辭 2편, 책策과 논論이 각각 3편이고, 서書·잠箴·제문祭文·비碑·유사遺事가 각각 1편씩으로 모두 27편이다. 제대로 수습되지 않아 이 정도에 불과하지만, 옛말에 한 솥의 국을 모두 다 먹어야 그 국의 맛을 알 수 있는 것은 아니라고 하였듯이, 이것으로도 송희규 문학세계의 대강은 도출할 수 있다.

이제까지 생애를 고찰하는 과정에서 어느 정도 드러났듯이, 송희규는 대대로 중앙 관직을 수행한 집안에서 태어나 어릴 적부터 과거 공부를 하여 20세에 사마시에 입격하고 26세에 문과에

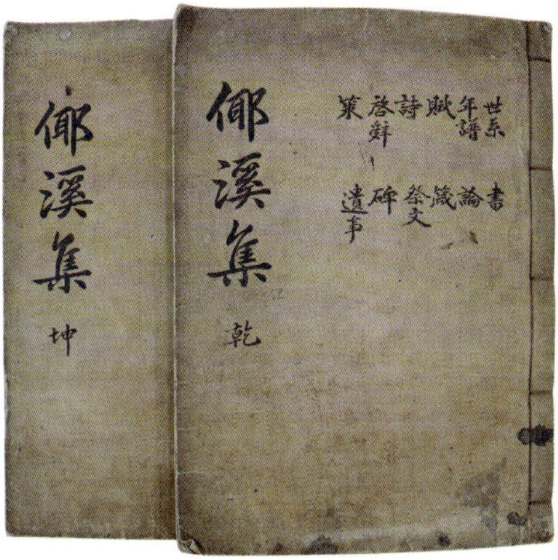

『야계집』

급제하여 출사하였으며 53세 때에는 문과 중시에도 뽑혔다. 문학적 역량이 얼마나 넉넉한가는 이것으로도 충분히 드러난 것이라 할 수 있다. 다만 거기에 담긴 내용의 핵심이 무엇인가 하는 점을 정리해 본다면 대체로 다음과 같다 할 것이다.

1) 효경충신孝敬忠信

『야계집』에는 「독소학讀小學」, 즉 『소학』을 읽고 난 뒤에 느낌을 표현한, 다음의 시가 실려서 전해 오고 있다.

몸가짐은 오로지 효도하고 공손해야 하며, 持身祇是孝而悌
뜻 세움은 마땅히 미덥고 진실해야 하리라. 立志要當信與忠
사람마다 이 도리를 알도록 할 수만 있다면, 若使人人知此道
나라 망하고 집안 무너질 일이 어찌 있으랴! 則何亡國敗家有

제목 아래 주석에 의하면 이 시는 7세 때의 작품이라고 한다. 압운이 제대로 되어 있지 않은 것으로 보아 일곱 살 때의 작품이라는 주석에 더욱 신빙성이 있어 보인다. 일곱 살 때 이미 사람마다 효제충신孝悌忠信을 갖추어 실천한다면 나라가 망할 일도, 집안이 무너질 일도 없을 것이라고 분명히 드러내어 말하고 있는 데서, 앞으로 전개될 송희규의 생애가 어떠할지 짐작게 해 준다고 말할 수 있다.

효제충신이란 주지하다시피 부모에게 효도하고 순종하며, 형이나 어른을 존경하고, 군주에게 충성하며 붕우에게 신임을 얻는 것을 말한다. 명나라 주집周楫이 편찬한 『서호이집西湖二集』에 "무릇 사람을 만나면 단지 효제충신 네 글자를 가지고 권면케 하였다.[凡遇人只勸人以孝悌忠信四字]"라는 언급이 있고 난 이후 세상에 널리 알려졌지만, 사실 이는 『춘추좌씨전』에서 노魯나라 계손행보季孫行父가 말한 '효경충신孝敬忠信'이란 표현에 한 글자 변화를 준 것일 뿐 그 뜻은 조금도 다름이 없다. 『춘추좌씨전』에서 계손행보는 "효경충신'이야말로 '길한 덕[吉德]'이고 그 반대인 '도적장간盜賊藏姦'은 '흉한 덕[凶德]'[孝敬忠信爲吉德 盜賊藏姦爲凶德]"이라 하였는데, 이는 출사하여 군자 또는 대인의 자리에 있게 되는

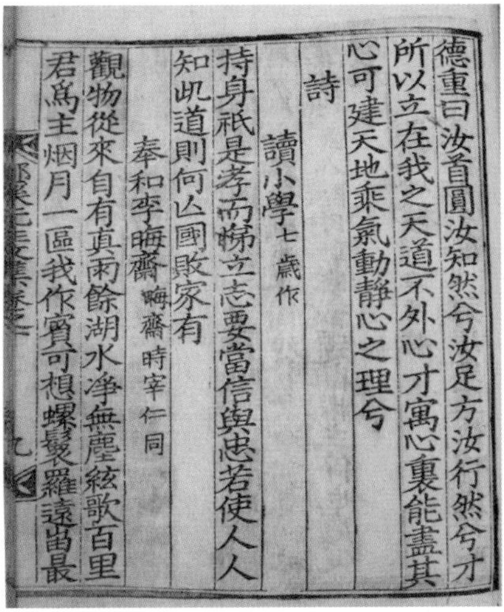

德重曰汝首圓汝知然兮汝足方汝行然兮才
所以立在我之天道不外心才寓心裏能盡其
心可建天地乘氣動靜心之理兮

詩

讀小學 七歲作

持身秖是孝而悌立志要當信與忠若使人人
知此道則何亾國敗家有

奉和李晦齋 晦齋時宰仁同

觀物從來自有真雨餘湖水淨無塵絃歌百里
君爲主烟月一區我作賓可想螺鬟羅遠岫最

「독소학」

사람으로서 추구하여 도달해야 할 자기 수양의 궁극처를 제시한 것이라 할 것이다. 송희규는 이러한 정신을 어릴 적 『소학』을 읽고서 깨달았고, 평생 이를 실천하려 부단히 노력했던 것이다.

송희규가 작성한 「재이책災異策」은 1546년 10월에 있었던 문과文科 중시重試에서 아원亞元으로 선발되었을 때의 답안지이다. 이 글에서 송희규는 재이災異는 자연이 하는 일이므로, 인간의 노력에 의해 이룰 수 있는 태평성대를 만드는 것이 더 중요하다고 하였다. 태평성대가 되면 자연이 주는 재이는 크게 문제가 되지 않는다고 생각한 것이다. 그는 태평성대를 만들기 위해서는 임금과 신하가 그 마음가짐을 견실하게 가져야 한다고 강조하였다. 임금의 수양이 얼마나 중요한 것인가에 대해 언급한 뒤, 당시 벼슬아치들의 퇴패頹敗한 습관을 바로잡는 것의 중요성을 강조하고 있다.

> 신이 적이 살펴보건대 요즘 풍속이 날로 퇴패해지고 벼슬아치들의 습관은 날로 비속해지고 있으며, 바른 사람들이 비록 올라가더라도 사특한 자들이 넋을 빼앗으며, 기름같이 미끄럽고 가죽같이 부드럽게 부뚜막 신과 아랫목 신에게 아첨하고 있습니다. 말은 가볍고 행동은 사특하여 진정되어 있는 조정을 흔들어 대며, 얻기 전에는 얻을 것을 걱정하고 이미 얻고서는 잃을 것을 걱정하여 개처럼 구차한 작태를 부리고 있습니다. 그리하여 전하로 하여금 하늘을 쳐다보고 남몰래 탄식하게 하고 대신으로 하여금 노심초사하게 합니다. 이것이 어리석은 신이 가의賈誼의 근심을 품고 있는 까닭입니다.

여기서 송희규가 언급하고 있는 벼슬아치들의 퇴패한 습관이란 바로 을사사화를 일으킨 자들을 염두에 두고 한 말일 것이다. 부뚜막 신은 임금의 권세를 등에 업고 권세를 휘두르는 사람을 가리키니 윤원형을 지칭하는 것이고, 아랫목 신이란 자리는 높으나 권위를 드러내지 못하는 것을 가리키니 임금이나 대비를 가리키는 것이다. 기름같이 미끄럽고 가죽같이 부드럽다는 말은 아첨하는 태도를 표현한 말이다. 문정왕후와 명종의 권위를 등에 업은 윤원형에게 아첨하여, 바른 선비들을 수없이 죽이고 벌준 자들에 대해 송희규는 이처럼 시험 답안지에서도 충성스런 울분을 분명히 드러내고 있다.

송희규의 이러한 효경충신의 기본 자세는 「소학부」에서 더욱 분

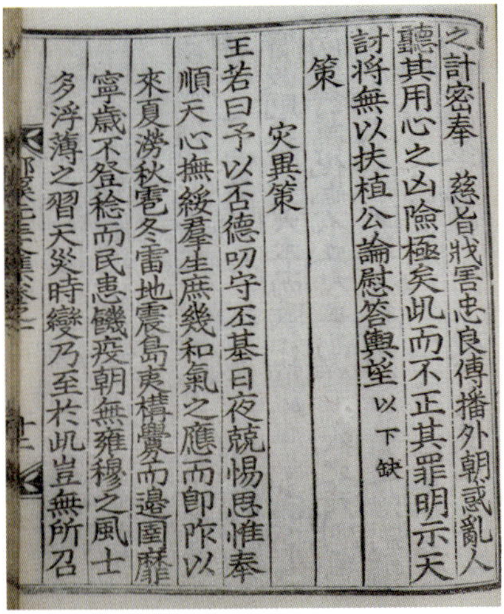

之計密奏 慈旨戕害忠良傳播外朝惑亂人
聽其用心之凶險極矣旣而不正其罪明示天
討將無以扶植公論慰答輿望 以下缺

策

災異策

王若曰予以否德叨守丕基日夜兢惕思惟奉
順天心撫綏羣生庶幾和氣之應而卽作以
來夏潦秋雹冬雷地震島夷構釁而邊圉靡
寧歲不登稔而民患饑疫朝無雍穆之風士
多浮薄之習天災時變乃至於此豈無所召

「재이책」

명히 확인할 수 있다. 송희규는 122구나 되는 비교적 장편인 이 글에서 『소학』이란 책이 나올 수밖에 없는 배경과 의의를 상술하고, 이 책을 모범으로 삼지 않는 현실을 다음과 같이 개탄하고 있다.

비록 큰일 해낼 인물이 그 사이에 나더라도,	雖有爲之間生
세상 사람들은 촉일과 월설처럼 비웃는다네.	笑蜀越之雪日
투할하면서까지 술을 함께 마심이 도리이며,	投轄含盃爲道
착실하고 꿋꿋이 공무를 받듦이 속된 일이네.	慤懃奉公爲俗
아득하고 아득하기만 한 이 풍진 세상이여!	悠悠兮風塵入
스스로를 팽개쳐 귀역에 들고도 달게 여기네.	鬼域兮甘自棄
감정은 이미 불길에 휩싸여 더욱 방탕해지고,	情旣熾而益蕩
본성 또한 구멍이 뚫려 빈사 상태에 이르렀네.	性又鑿而近死

토목과 같은 형체에다 담장을 마주한 듯한데, 若土木而面墻
또한 경박한 풍속에 불타 재가 되고 마는구나. 又薄俗之爲燬

소학이 추구하는 인간의 도리를 실천하는 사람은 촉 땅의 해와 같고 월 땅의 눈과 같아 세상 사람들이 이상하다고 비웃는다는 구절과, 타고 온 수레가 움직이지 못하도록 수레의 비녀장을 우물에 버리면서까지 함께 술을 마시는 것이 친구 사귀는 멋진 도리이고, 묵묵히 공무를 열심히 수행함은 속된 일이라고 본다는 앞부분의 언급이야말로 공자의 학문을 추구하는 유자의 가슴 밑바닥에서 우러나온 답답함의 표현이 아닌가 생각된다. 나아가 인간으로서의 도리는 내팽개친 채 경박한 시속을 따르는 자를 개탄하면서, 『소학』이 제시하고 있는 인간의 도리를 깨닫고 실천하려는 송희규 자신의 상황을 다음과 같이 자전적으로 읊고 있다.

나는 태어나 천지 사이에 혹 같은 존재로 살면서, 余生贅疣於黃芭
혼미하여 인간으로서의 지향할 바를 알지 못했네. 迷不知其所向
다행히 『소학』에서 참다운 가치 맛보게 되었으니, 幸嚌胾於此篇
그 가르침 분명하기가 손바닥을 가리키는 듯하네. 訓昭昭如指掌
멀리 떠났던 생각을 사방 한 치의 마음에 들이니, 納遐情於方寸
흔쾌히도 내부에 식재되어 수확함이 있게 되었네. 欣植内而有獲
이같이 못 한다면 사람다운 사람이 아닐 터이니, 不若是則非人
마땅히 가슴에 품고 법칙으로 삼아 본받아야겠네. 宜服膺而準則
그렇지만 이를 알더라도 행하기가 어려운 것이니, 然知之而行難
내 마음 돌아보며 아침부터 저녁까지 조심해야지. 顧余心而夕惕

인간으로서의 지향할 바가 무엇인지 모르고 정신적으로 방황하다가 『소학』을 접하고서, 이 책이 인간다운 길을 손바닥 가리키듯 분명하게 제시해 주고 있기에 이 책의 정신에 깊이 마음을 기울여 소득이 있게 되었다는 것을 언급하며, 또한 알고 있다 하더라도 행동하기가 어려운 법이니 자신의 마음을 돌아보며 늘 조심하겠다는 각오도 드러내고 있다.

송희규의 이러한 생활 자세는 「취한대에서 퇴계의 운자를 따라[翠寒臺次退溪韻]」라는 시에도 자연스럽게 드러나 있다.

날면서 고개를 뺀 듯 푸른 벼랑이 불쑥 나와,	蒼崖斗起似飛騫
오르다 보면 사람의 기상이 활달하도록 하네.	登陟令人氣豁然
뾰족이 솟은 산 비췻빛 이내에 잠기어 있고,	矗矗群巒籠翠靄
빽빽이 돋은 대는 차가운 연기를 떨치는구나.	森森叢竹拂寒煙
대를 쌓아서 이미 장수할 곳을 마련하였으니,	經營已得藏修地
느긋이 노닐며 끝내 활발발한 천기를 보겠네.	游泳終看活潑天
희성과 희천이 멀리 있잖음을 알고는 있지만,	希聖希天知不遠
터전을 세움은 마땅히 희현서부터 해야 하리.	立基當自士希賢

이 시의 제목에 보이는 취한대翠寒臺는 소수서원紹修書院 입구의 백여 명이 앉을 수 있을 만큼 높은 대를 말하는데, '백운동白雲洞'이라는 각자와 '경敬'이라는 각자가 있는 석벽石壁 위에 있다. 취한대라는 이름은 퇴계가 명명한 것이라고 한다. 『퇴계집』의 별집에 이러한 내용을 담은 시가 실려 있는데, 송희규는 이 시에 차운한 것이다. 퇴계가 취한대라 명명한 이유는 그곳에 잣나무와

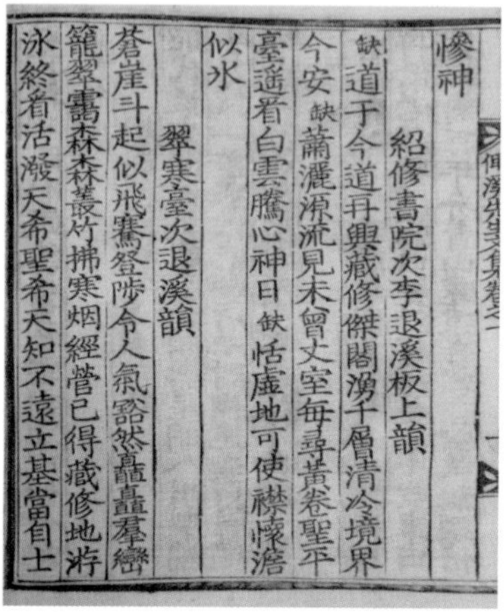
慘神
紹修書院次李退溪板上韻
缺道于今道再興藏修傑閣湧千層淸冷境界
今安缺蕭灑源流見未曾丈室每尋黃卷聖平
臺遙看白雲騰心神日缺恬虛地可使襟懷澹
似氷
翠寒臺次退溪韻
蒼崖斗起似飛鶱登陟令人氣豁然矗矗羣巒
籠翠靄森森叢竹拂寒烟經營已得藏修地游
泳終看活潑天希聖希天知不遠立基當自士

「취한대차퇴계운翠寒臺次退溪韻」

대나무가 무성했기 때문인데, 후대의 학자 청대淸臺 권상일權相一은 주변의 큰 소나무가 겨울에 내린 눈을 이고도 푸른빛을 띠며, 너무 시원하여 여름에는 오히려 서늘하다는 의미로 취한대를 이해하였다. 송희규는 이러한 분위기를 수련과 함련에 언급함으로써, 경련과 미련에서 하고 싶은 이야기의 배경을 적절하게 표현하고 있다.

경련에서 송희규는 이 취한대가 장수하는 곳이기에 이곳에서 느긋하게 노닐며 자연의 활발한 천기를 보고 느끼고 즐기겠다는 생각을 하게 된 것이다. 그러면서 '성인을 희망하고[希聖]' '하늘을 희망하는[希天]' 선비가 우선은 '현자를 희망하는[希賢]' 것으로 그 바탕을 삼아야 한다고 하였다.

'백운동白雲洞' 각자와 '경敬' 각자

송나라의 학자 주돈이周敦頤는 『태극도설太極圖說』, 『통서通書』 등의 저술을 통해 신유학이 흥성토록 한 인물이다. 그는 『통서』 「지학志學」에서, "성인은 하늘이기를 희망하고, 현인은 성인이 되기를 희망하고, 선비는 현인이 되기를 희망한다.[聖希天, 賢希聖, 士希賢.]" 라고 하였다. 송희규는 이 언급을 염두에 두고 희천, 희성, 희현의 삼희三希가 학자로서 궁극적으로 지향할 바이며, 희성과 희천에 도달하기 위해서는 희현에서부터 그 기틀을 잡아야 함을 이 시를 통해 강조하고 있는 것이다.

지금까지 송희규의 문학작품을 살펴보면서 평소 그가 추구한 것이 대체로 효경충신을 체득하여 현실에서 실천하는 것이었음을 알 수 있었다. 「소학부」와 「재이책」 등에서 군주가 해야 할 일을 제시한 것을 제외하면, 어릴 적 『소학』을 읽고서 느낌을 기록해 둔 이래 평생 동안 사대부로서 송희규 자신이 추구한 것이 바로 효경충신이었음을 알 수 있다.

2) 욕기풍우浴沂風雩

앞에서는 송희규가 평생 효경충신을 체득하여 현실에서 실천하려 노력한 점에 대해 살펴보았다. 이 효경충신은 자신의 수양에서부터 제가치국에 이르기까지 유자로서 현실을 살아가는 데 없어서는 안 될 덕목, 즉 현실 생활과 관련이 있는 덕목이다. 그러나 유자의 생활에는 이러한 덕목 외에도 한가한 기회를 이용하여 느긋한 풍류를 즐기는 측면, 즉 자연과 한 덩어리가 되어 물아일체를 이루는 격조 높은 경지도 있다.

공자가 제자들에게 지금 자신이 하고 싶은 일이 무엇인지 물었을 때, 자로子路와 염유冉有, 공서화公西華 등은 출사했을 경우의 소원을 이야기하였지만, 증석曾晳은 "늦은 봄에 봄옷이 이루어지거든 어른 대여섯 사람, 동자 예닐곱 사람과 더불어 기수沂水에서 목욕하고 무우舞雩에서 바람을 쐬다 시를 읊조린 뒤에 돌아오고 싶습니다."라고 하였다. 공자도 증석의 견해에 동조하였고, 그 뒤로 자연과 한 덩어리가 되어 지내려는 이러한 자세는 유자로서의 격조 높은 경지로 이해되어 왔다. 송희규의 문학에서도 이러한 측면이 보인다.

만물을 관찰하면 그 속에 절로 참됨이 있나니,	觀物從來自有眞
비 온 뒤의 호수는 깨끗하여 먼지 하나 없네.	雨餘湖水淨無塵
백 리 땅에서 거문고 뜯으니 그대는 주인이고,	絃歌百里君爲主
한 구역에서 연월을 벗 삼으니 나는 손님이네.	煙月一區我作賓
먼 멧부리엔 검푸른 머리가 벌려 있는 듯하고,	可想螺鬟羅遠峀
어여쁠사! 모래톱 백로는 유인을 번뇌케 하네.	最憐沙鷺惱幽人
십 년 동안 모였다 흩어짐이 모두 꿈과 같으니,	十年聚散都如夢
반가운 눈으로 만남이 잦다는 말 하지는 말게.	靑眼休辭擧目頻

이 시는 「이회재의 시를 받들어 화답함[奉和李晦齋]」이라는 제목의 시로, 송희규가 이언적의 시에 화답한 것이다. 「연보」에 의하면 회재 이언적은 1524년 6월에 인동현감仁同縣監으로 부임하여 1526년 7월에 사헌부 지평으로 소환되기까지 인동에서 복무하였던 것으로 되어 있다. 송희규는 30세 때인 1523년 5월 아버지 상을 당하여 복상한 뒤 1525년 7월에 성균관박사成均館博士에 보임되었다가 곧 교체되고 파직되었으며, 33세 때인 1526년에는 처가가 있던 선산의 들성[坪城]으로 이거하였다. 그렇다면 송희규의 이 시는 그가 1526년 들성으로 이거한 뒤 인근의 인동현감으로 있던 이언적을 만나 수창한 시로 봄이 타당할 것이다.

그렇다면 33세 무렵의 작품이니 한창 젊은 날의 작품이라고 할 수 있다. 그런데 출사하여 이루고 싶은 야망 같은 것은 없고,

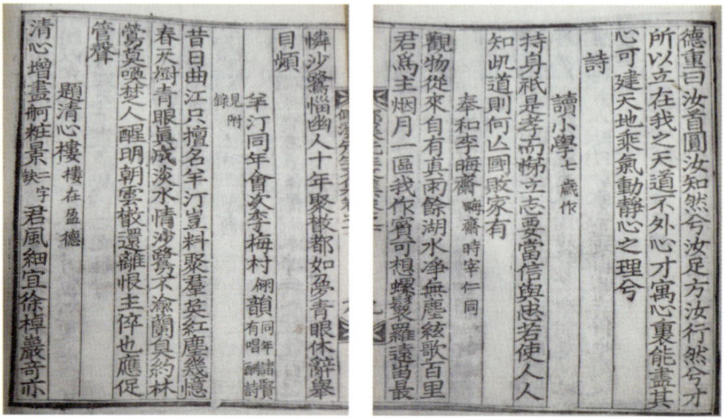
德重曰汝首圓汝知然兮汝足方汝行然兮才
所以立在我之天道不外心才寓心裏能盡其
心可建天地乘氣動靜心之理兮
詩
讀小學 七歲作
持身秖是孝而悌立志要當信與忠若使人人
知此道則何亾國敗家有
奉和李晦齋 晦齋時宰仁同
觀物從來自有真雨餘湖水淨無塵絃歌百里
君爲主烟月一區我作賓可想螺鬟羅遠岫最

憐沙鷺惱幽人十年聚散都如夢青眼休辭舉
目頻
乎汀同年會次李梅村 韻 同年諸賢有唱酬詩 附見錄
昔日曲江只擅名乎汀豈料聚羣英紅塵幾憶
春天樹青眼眞成淡水情沙鷺不嫌閑良約林
鶯莫喚楚人醒明朝雲散還離恨主倅也應促
管聲
題清心樓 樓在盈德
清心增畫舸粧景 缺二字 君風細宜徐棹巖奇亦

「봉화이회재奉和李晦齋」

잠시 파직되어 시골생활을 하면서 자연을 벗삼는 사람으로서 아무런 물욕 없이 살고 싶어 함을 알 수 있다. 이러한 자세가 바로 욕기풍우浴沂風雩를 마음속 깊이 넣어 두고 있었다는 증거라 할 것이다.

이 시를 지은 지 약 10년 뒤의 작품인 다음 시에서도 이러한 점을 엿볼 수 있다.

청심루에 화려한 유람선까지 더해져서,	淸心增畫舸
빛나는 경관을 그대(와 즐기고 있네.)	粧景〇〇君
바람이 잔잔하니 천천히 노 저을 만하고,	風細宜徐棹
암벽이 기이하니 또한 문흥을 도와주네.	巖奇亦助文
시흥이 도도함에 깨끗한 거울에 이르고,	興酣臨淨鏡
수심이 이름에 외로운 구름을 바라보네.	愁趁望孤雲
우연히 만나 아름다운 회합 이루었으니,	邂逅成佳會
이별의 술자리 일부러 저물녘 기다렸네.	離筵故待曛

이 시는 「제청심루題清心樓」, 즉 청심루清心樓에 써 붙여 둔 시다. 「연보」에는 송희규가 42세 때인 1535년 흥해군수 재임 시절의 작품이라고 밝히고 있다. 영덕이 흥해의 북쪽 인근에 있으니, 그 시절이 아니면 남기기 어려운 작품이기에 합리적인 설명으로 이해된다.

이 시에 묘사된 풍경이 청심루 아래의 강물 가운데 화려한 그림이 그려진 배까지 띄워져 있는 풍경인 것을 보면, 대체로 흥해군수로서 영덕군수를 찾아가 몇몇 사람과 함께한 연회 풍경을 묘사한 것이 아닌가 짐작된다. 그러나 함련의 여유 있는 노 젓기와, 경련의 '정淨', '수愁', '고孤' 등 시어가 지니는 느낌은 흥겨움보다 고요하고 그윽한 분위기를 감지케 한다. 특히 마지막 미련에서 우연히 이루어진 아름다운 만남이기에 해 저물 때를 기다려 이별의 술자리가 베풀어지고 있다고 언급한 것은, 사실을 말한 것이겠지만 한편으로는 그 속에서 유장한 풍류가 저절로 배어나고 있음을 부인하기 어렵다.

송희규의 욕기풍우浴沂風雩의 자세는 만년에 지은 「제초대정사題草臺精舍」라는 시에서 더욱 분명하게 드러난다.

아름다운 산천에 새로이 정사를 건축하니,	新開精舍好山川
지경이 고요함에 책상에 기대 잠이 든다.	境閴堪憑一榻眠
원근의 산봉우리 비췻빛 이내에 잠겨 있고,	遠近峯巒籠翠靄
높고 낮은 버드나무 푸른 연기를 떨치네.	高低楊柳拂青烟
들판의 피리 소리 창파 밖으로 퍼져 나가고,	平蕪牧笛蒼波外

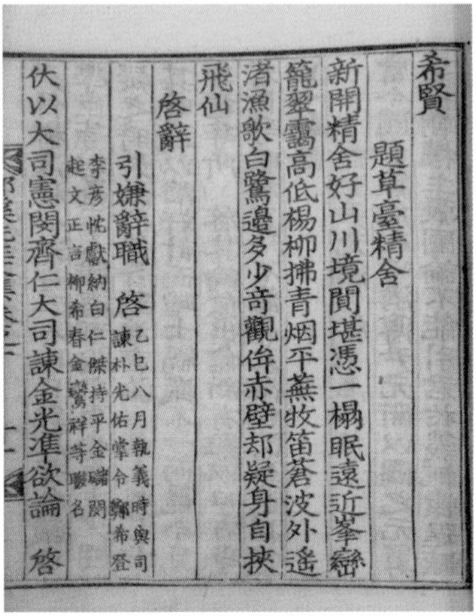

「제초대정사」

물가의 고기잡이 노래 백로 곁에서 들리네. 遙渚漁歌白鷺邊
갖가지 기이한 경관이 적벽강과 비슷하니, 多少奇觀侔赤壁
스스로 신선 끼고 있다는 생각이 문득 드네. 却疑身自挾飛仙

이 시는 제목처럼 초대정사草臺精舍에 써 붙여 둔 시다. 「연보」에 1554년 61세 때 손동遜洞에 정사精舍를 건축하여 쉴 만한 장소로 삼았다는 기록이 보이는데, 이 정사가 초대정사다.

수련의 초구에 보이는 '호산천好山川'은 아름다운 주변 경관을 묘사하는 데 흔히 보이는 표현이다. 그런데 '빙일탑면憑一榻眠'이란 표현은 엄격한 수양을 추구하는 성리학자의 시에서는 흔히 보기 어려운, 참으로 욕기풍우浴沂風雩의 자세를 가진 사람의 시구란 생각이 들게 한다. 높고 낮은 버드나무에 걸린 푸르스름한

아지랑이와 푸른 물결 밖 들판으로 퍼져 나가는 목동의 피리 소리를 묘사한 함련과 경련은, 아무래도 은사隱士가 물아일체로 살아가는 곳을 옮겨 놓은 한 폭의 그림을 보는 듯하다. 마지막 미련에도 '비선飛仙'을 옆에 끼고 노닐고자 하는 소동파蘇東坡의 「전적벽부前赤壁賦」 구절을 인용하고 있는 데서 세속을 벗어난 삶에 가까운 느긋한 풍류를 추구하고자 하였음을 알 수 있다.

이제까지의 논의에서 송희규가 효경충신을 체득하여 실천하려는 의식 이외에 욕기풍우를 추구하려는 의식이 있었음을 살펴보았다. 물론 이 두 가지 의식은 서로 상충하는 것이 아니고, 항상 같이 존재하면서 외부의 상황 여하에 따라 어느 한 가지가 좀 더 분명한 모습을 드러내는 것이라 하겠다.

3 『야계집』 간행 경위

『야계집』은 저자 사후 200여 년이 지나 간행되었다. 저자의 시문은 대부분 흩어져 버렸고, 글 약간과 저자의 10대손 송응벽宋應璧(1735–1807)이 편찬한 「연보」가 남아 있었다. 이에 9대손 송지문宋之汶(1747–1824)이 새로 찾은 기록과 함께 연보의 교감을 화암華巖 이사정李師靖(1724–1788)에게 맡겼고, 아울러 남긴 글과 부록 문자의 편집을 부탁하였다. 이사정은 이를 교감하고 편차하여 1787년에 2권 2책의 원고본을 만들고, 끝에 저자의 조카 송사이宋師頤의 「신연선생유적新淵先生遺蹟」 6판을 부록으로 붙인 뒤 발문도 지었다. 이후 12대손 송능겸宋能謙(1774–1849)이 1816년 정종로鄭宗魯의 서문을 받아 목활자로 간행하였다. 이것이 초간본

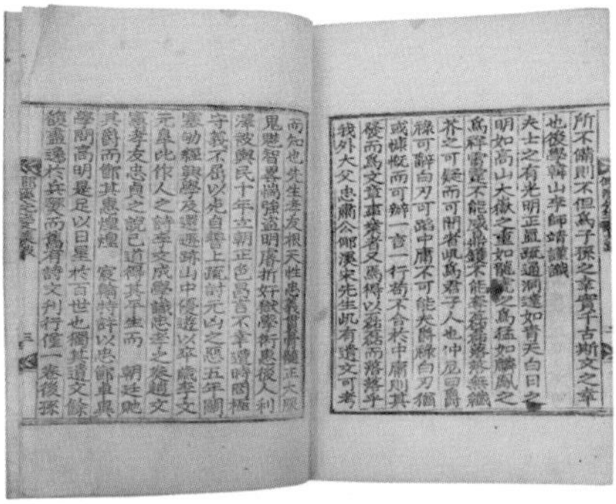

이사정 발문

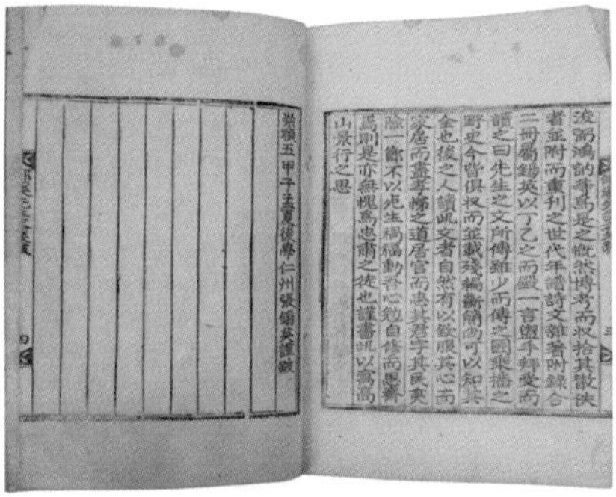

장석영 발문

『야계집』 목판(한국국학진흥원 제공)

이다. 현재 규장각, 국립중앙도서관, 고려대학교 중앙도서관 등에 소장되어 있다.

1898년에는 15대손 송기선宋祺善(1833-1917)이 5대손 송세필宋世弼이 지은 「추모록追慕錄」을 얻어 예전 문집의 「연보」를 보충하고 증직贈職과 시호諡號를 받은 전말을 추가하여 「연보」를 재편찬하였다. 그 후 송기선의 아들 송준필宋浚弼(1869-1943)과 14대손 송홍눌宋鴻訥(1878-1944) 등이 저자의 시문과 관련 자료를 모아 3권 2책으로 문집을 재편하고, 붙여 두었던 「신연선생유적」을 삭제한 뒤 장석영張錫英에게 교감을 부탁하고 그 발문을 받아, 1924년 성주의 봉강서당鳳岡書堂에서 목판으로 간행하였다. 이것이 중간본이다. 현재 규장각, 국립중앙도서관, 장서각, 성균관대학교 존경각 등에 소장되어 있다.

2000년에는 20대손 송만수宋萬銖 등이 중간본을 저본으로 『국역야계선생문집國譯倻溪先生文集』을 간행하였다. 이때 인명색인과 문헌목록을 권말에 부록으로 붙였다.

제3장

종가의 건축과 역사

1 종가의 건축과 현판

야계 송희규 종가는 고산정마을 남쪽 봉암산 아래에 있으며 출입문이 동향으로 나 있다. 종가의 대문으로 들어가면 바로 보이는 것이 한옥 건물 백세각이다. 오른쪽에 따로 떨어져 있는 한옥 건물이 관리사인데, 요즈음 종손 송만수가 평일에 거처하는 집이다. 백세각 남쪽에는 사당이 있고, 백세각 동쪽 담장과 연하여 오래된 회화나무 세 그루가 서 있다.

송간정松磵亭과 용계서당龍溪書堂, 봉강서원鳳岡書院, 단구재丹邱齋는 종가에 붙어 있는 건물은 아니지만, 종가와 떼려야 뗄 수 없는 관계에 있기 때문에 여기서 같이 언급하고자 한다.

야계종택 대문채

1) 백세각百世閣

(1) 창건과 변화

백세각은 성주 인근에서는 보기 드문 'ㅁ' 자형의 집으로, 큰 대문채 안에 다시 'ㅁ' 자형의 집을 지었으며 거기에 다시 동문·남문·북문의 세 출입문을 냈다. 안채와 안사랑채, 바깥사랑채가 구별되어 있으면서도 완전히 한 덩어리로 붙어 있다는 특징이 있다.

백세각은 야계 송희규가 이 마을에 처음으로 정착한 이듬해인 1552년에 지은 것이라고 한다. 송희규는 1547년에 전라도 고산현으로 유배를 갔다가 1551년에 방환되었고, 돌아오자마자

백세각 안내판

이 집을 경영할 계획을 세웠기에 이듬해 완공을 볼 수 있었던 것이 아닌가 한다. 이 집은 송희규의 6세손 고산孤山 송심宋燖(1628-1664)에 의해 현재의 자리로 옮겨졌다고 한다. 종손 송만수에 의하면 원래의 집은 지금 집터의 바로 뒤쪽 밭에 있었다고 하니, 현재의 백세각은 사오십 보 아래로 옮겨진 것이다. 집안에 시끄러운 소리가 계속 나서 옮겼다고 하는데, 지금도 이 집에서는 비 오는 날 밤이면 말 달리는 듯한 소리가 심하게 나서 종부가 아니면 버티고 잘 수 없다는 말이 전해 오고 있다.

1980년에 경상북도 유형문화재 제163호로 지정되어 보호되고 있다.

백세각

백세각 현판

(2) 명칭의 의미와 명명命名 시기

겸암謙庵 류운룡柳雲龍이 쓴 「임청각臨淸閣 석상席上에서 정자부鄭子孚에게 줌」이라는 제목의 시가 있어 '각閣'이라는 글자가 개인 소유의 집 이름으로 쓰인 용례를 볼 수 있다. 이 임청각은 안동 법흥동에 소재한 고성이씨 이명李洺의 종가다. 임청각이라는 이름을 그가 처음 지은 것으로 알려져 있는데, 낙동강 맑은 물가에 임해 있는 집이란 뜻에서 이렇게 이름 붙였을 것이다.

그런데 백세각의 경우, 현재 송희규 후손들은 이 집을 송희규가 1552년에 초창初創하고 직접 명명하여 오늘에 이른다고 알고 있다. 집이 이때 이루어졌다는 확실한 증거는 없지만, 후손들의 전문 또한 전혀 근거가 없다고 볼 수도 없다. 그렇다고 하더라도 백세각의 의미를 생각해 보면 송희규가 명명하였다고는 보기 어려운 측면이 있다.

백세각의 '백세'를 후손들이 대체로 '백세청풍百世淸風'의 뜻으로 이해하고 있고, 이를 달리 해석하기도 어렵다. 만약 이 이름을 송희규 자신이 붙였다고 한다면, 송희규의 조상 가운데 청렴하고 고상한 기풍을 백세토록 전할 만한 인물이 있어서, 그를 염두에 두고 붙인 이름이라 해야 할 것이다. 그런데 앞에서 살펴본 것처럼 그 조상들 중에는 훌륭한 인물이 없지는 않으나 과연 '백세청풍'이라 할 만한지는 의문이다. 또 자신의 아버지가 셋째고 그 자신도 셋째인데, 자신의 집에다 이런 이름을 붙일 수 있었겠는가를 생각해 보면 그렇게 보기는 쉽지 않다.

그렇다면 이 집을 송희규가 지었다고 하더라도 백세각이라 명명한 것은 송희규라 보기 어렵다. 그럴듯하게 유추해 본다면 송희규의 자손 가운데 어떤 사람이, 조정에서 송희규의 처신이 한마디로 '백세청풍'이라 할 수 있을 정도로 청렴하고 고고했다고 판단하였거나, 아니면 다른 사람이 송희규를 추앙하여 이런 의미로 집 이름을 붙여 준 것이라 볼 수 있지 않을까.

후손들의 전언에 의하면 송희규의 증손 송간松磵 송광정宋光廷(1556–1607)이 명필로 이름난 석봉石峯 한호韓濩(1543–1605)와 매우 친밀했다고 한다. 그래서 한호가 백세각에 와서 한 달가량 머무르며 병풍 글씨를 남겼고, 백세각 현판 글씨도 남겼다고 한다. 현판 글씨는 1990년대에 사랑채에 불이 나면서 함께 타 버려 지금은 볼 수 없고, 병풍 글씨 또한 1960년대에 도둑맞아 지금은 볼 수 없다.

1677년에 귀암歸巖 이원정李元禎에 의해 편찬된 성주의 읍지 『경산지京山志』에는 야계 송희규의 고택이 '공산정公山亭'으로 기록되어 있다. 그러니 이 당시까지만 해도 백세각이란 이름이 보편화되어 알려지지는 않았음이 확인된다.

요컨대 송희규의 증손 송광정이 자신의 증조가 을사사화 때 보여 준 강직한 면모를 '백세청풍'으로 존중하고 받들면서 당대의 명필 석봉石峯 한호韓濩에게 받은 글씨가 백세각이었거나, 한호가 송희규의 일생을 '백세청풍'으로 요약하고 스스로 '백세각'이라 명명하여 현판 글씨를 남겼는데, 이것조차 금방 크게 내걸지 않다가 1700년대 이후 어느 시기부터 서서히 표방하여 지금에 이른 것이 아닐까 한다.

(3) 유물

앞에 든 현판 이외에 전해 오던 유물로는 '송간팔영' 병풍과 서적 및 목판이 있다.

서적은 문집류 88종 159권과 경전 및 기타 서적 18종 36권 등 모두 106종 195권이다. 목판은 『야로송씨족보』와 『야계선생문집』, 『봉하문집』 등 3종의 책판 247장이다. 서적과 목판은 지금 안동의 국학진흥원에 위탁하여 보관하고 있다.

'송간팔영' 병풍은 근래까지 전해 오던 것인데, 앞에서 언급한 것처럼 1960년대에 도난당했다고 한다. 그런데 이 병풍은 사진으로 전하는 것이 있어 그 대강을 짐작할 수 있다. 사진은 모두 11장이 남아 있다. 그 내용을 살펴보면 「정표기모旌表起慕」, 「송추망사松楸望思」, 「선악만청禪岳晩晴」, 「오산모설烏山暮雪」, 「용계목적龍溪牧篴」, 「봉암초가鳳巖樵歌」, 「송단탄금松壇彈琴」 등 송간팔영 가운데 「죽림고기竹林敲碁」를 제외한 일곱 곳의 경치를 읊은 칠언율시 7장과, 송광정이 서울에서 고향으로 내려갈 적에 석봉 한호가 자신의 심경을 읊어 직접 써 준 송별시 2장, 송광정의 사위 청천당聽天堂 장응일張應一(1599–1676)이 송간팔영의 내력을 적은 발문 2장 등이다. 이것은 원래의 모습에서 송간팔영 가운데 하나가 빠진 것이고, 장응일의 발문 가운데 마지막 한 장이 빠진 것이다.

『야로송씨족보』 목판(한국국학진흥원 제공)

그렇다면 원래 병풍은 8폭 또는 10폭으로 장첩된 것으로 보인다. 8폭으로 장첩되었다면 앞쪽은 송간팔영이고, 한호의 송별시 2폭과 장응일의 발문 3폭은 뒤쪽에 배치했을 것이다. 10폭으로 장첩되었다면 송간팔영과 한호의 송별시를 앞에 배치하고 장응일의 발문을 뒤에 배치했을 것이다.

이 송간팔영이 송광정이 지은 시로 전해져 온 듯한데, 송광정이 지은 시는 『야성세고』에 실려 전하고 있으며, 사진의 시와는 제목은 같으나 내용이 다르다. 이 사진을 자세히 살펴보면, 「송단탄금松壇彈琴」이 송간팔영의 마지막 작품이고, 그 뒤에 "만력萬曆 병신丙申 2월 하순에 오산五山의 시고詩稿를 석봉石峯이 쓰다."라는 기록이 있음을 확인할 수 있다. 이는 오산五山 차천로車天輅(1556-1615)가 송광정의 '송간팔영'에 대하여 차운한 시를 석봉石峯 한호韓濩(1543-1605)가 1596년 2월 하순에 직접 써 준 것임을 나타낸

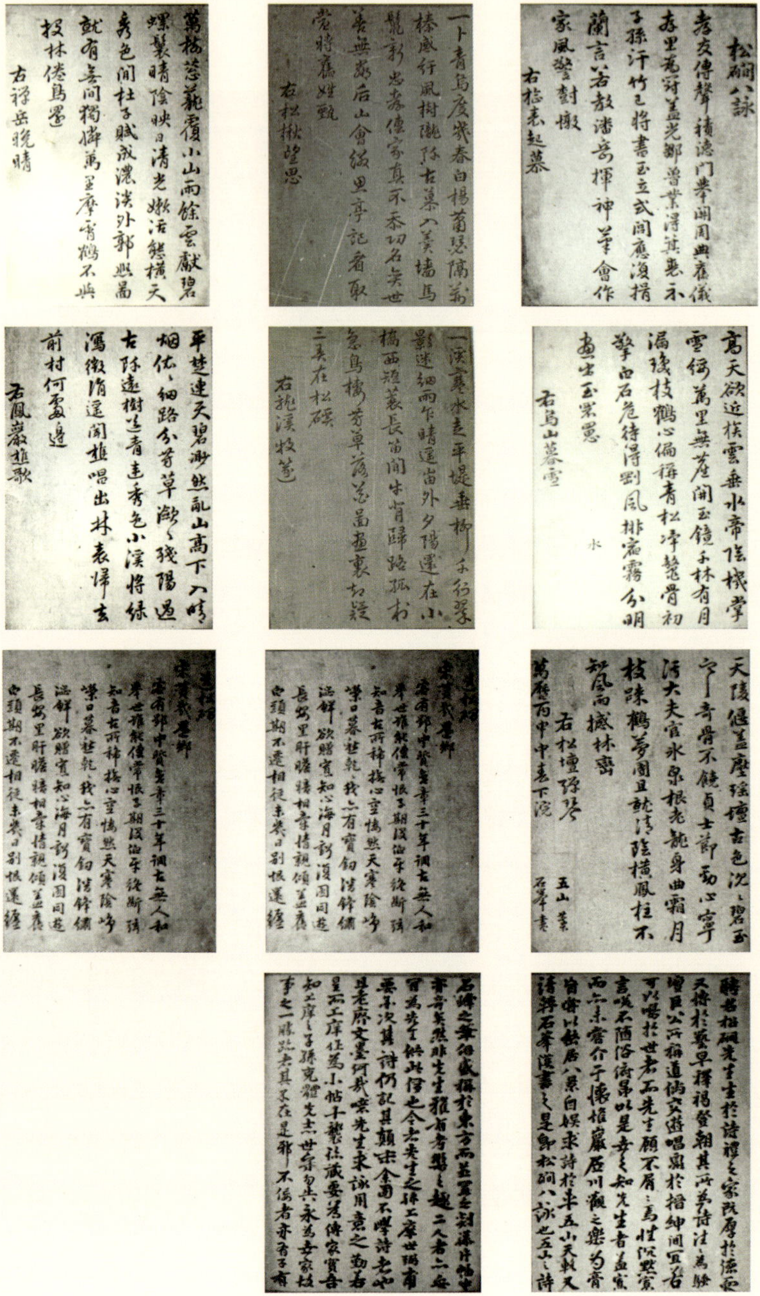

송간팔영

다. 장응일의 발문에 보이는, "오산 차천로의 한시와 석봉 한호의 붓글씨는 우리나라에 성대히 칭송되어 오는데, 이 두 가지가 종이 편폭에 함께 있으니 또한 기이한 일이다.[五山之詩 石峯之筆 俱盛稱於東方 而竝置之剡藤片幅中 亦奇矣]"라는 기록으로도 이 사실은 다시 확인되는 것이다.

장응일 또한 여헌 장현광의 계자系子로 성대한 이름이 있는 인물이니, 이 병풍은 관련된 인물의 이름 자체만으로도 그 가치를 인정하지 않을 수 없는 귀중함을 지닌다 할 것이다.

(4) 구조

전체는 'ㅁ' 자형이다. 북쪽의 안방 및 부엌채와 서쪽의 안채 대청, 그리고 남쪽의 안사랑채 등 3면은 모두 5칸으로 되어 있고, 동면한 사랑채는 7칸이어서, 엄밀하게 말하면 'ㅁ 자형의 집에서 사랑채가 남북으로 한 칸 정도 더 긴 형태로 되어 있다.'고 해야 할 것이다.

가. 사랑채

남북으로 앉아 동면한 7칸은 사랑채다. 지붕은 맞배지붕 형식인데 좌우로 안채에서 나온 지붕 끝이 사랑채 용마루 위쪽으로 다가와서 멎어 있다. 북쪽에서 세 번째 칸이 동문이고 그 위쪽은 다락방으로 되어 있다.

동문의 남쪽으로 두 칸에는 동문으로부터 차례로 암하巖下와

사랑채

봉하鳳下라는 현판이 문미門楣에 붙은 사랑방이 있고, 그 남쪽 두 칸이 남쪽과 동쪽으로 트인 마루이며, 마루 서벽 위에는 '백세각百世閣'과 '야계고택倻溪古宅'이라는 현판이 붙어 있다. 사랑채 마루와 사랑방 사이의 문미 위에는 1919년 4월 2일 성주장에서의 만세운동을 모의한 곳임을 알리는 '통고국내문通告國內文'이 현판으로 만들어져 걸려 있다.

동문의 북쪽이 두 칸의 행랑채다. 동문으로 들어가면 문도 없이 툭 터진 공간이 나오는데, 여기는 잡다한 물건들을 보관할 수 있는 부엌에 준하는 공간이고, 그 안쪽으로는 행랑방으로 들어

안방채와 부엌채

가는 출입문과 군불 때는 아궁이가 함께 있다. 행랑방의 출입구는 동쪽으로도 나 있어서 이를 통해 바로 밖으로 나갈 수도 있다.

사랑방의 아궁이는 동문 쪽에 하나, 안채 마당 쪽에 하나 있었는데, 1995년에 안채 쪽 아궁이에서 불을 때다가 사랑채를 태웠기에 중수하면서 이 아궁이는 없앴다고 한다.

나. 안방채와 부엌채

동서로 앉아 남면한 5칸은 안방채 및 부엌채다. 사랑채의 행랑방 부엌과 안채 부엌 사이로 북문이 나 있어서 주로 부녀자들

안방

부엌채

이 출입할 수 있도록 되어 있다. 안채 부엌은 두 칸으로 되어 있는데, 안에 세간이 들어 있지 않아 그렇게 보일 수도 있겠지만 매우 넓어 보인다. 실제로도 두 칸 반 정도 크기로, 북문으로 난 길의 너비를 최소화해 부엌 크기를 키웠다.

한국전쟁이 있었던 1950년대 이후에는 사용된 적이 없으므로 다소 휑뎅그렁해 보이지만, 밖으로 나가 채소 같은 것을 채취하거나 장독간을 들락거릴 수 있도록 부엌에서 북서쪽으로 나가는 작은 쪽문을 하나 만들어 둔 것은 부엌을 이용하는 부녀자들을 위한 세심한 배려라 할 만하다. 부엌 안쪽 깊숙이 이미 만들어진 음식물이나 여러 가지 조미 재료 등을 보관할 수 있는 공간도 있다. 이뿐만 아니라 부엌 위쪽 두 칸은 다락방이어서, 안방의 안주인이 수시로 필요로 하는 여러 가지 마른 음식 재료나 과일, 유과 등을 보관할 수 있게 되어 있다. 아녀자를 위한 공간 배치가 매우 세심함을 알 수 있다.

부엌 밖으로 나가서 서쪽 방향으로 계단을 올라가면 남향으로 문을 낸 두 칸의 방이 있는데, 바로 안방이다. 이 방은 문이 마루보다 한 자쯤 높은 곳에서 시작하기 때문에 문 높이가 석 자 정도밖에 되지 않는다. 그렇기에 서서 출입하기는 어렵지만 앉아서 팔을 걸치고 밖을 내다보며 지시하기에는 상당히 품위가 있어 보이는 구조로 되어 있다. 마루 위에 있는 다락 두 칸 가운데 이 방과 붙어 있는 다락은 밖에서도 난간을 통해 출입할 수 있는 작은 문이 나 있지만, 안방에 선 채 문을 열어 바로 사용할 수도 있게 되어 있다. 그 옆의 다락은 좁은 난간을 통해 올라가서 작은 문을 이용하여 출입할 수 있다. 안방에는 창문이 없다.

밖에서 보면 그 옆방으로 들어가는 문은 마루와 바로 닿아 있고 높이도 다섯 자 정도로 훨씬 높다. 이 문으로 들어가 보면 앞에서 말한 안방과 한 방으로 통해 있어 몹시 큰 방이라 할 만하며, 이 문이 바로 주출입문에 해당한다는 것도 알 수 있다.

그런데 이 방의 서쪽 끝, 즉 집 전체의 서쪽 외면과 닿아 있는 곳에 방 밖으로 반 칸 정도의 좁은 공간이 따로 있다는 점이 특이하다. 이곳도 집기를 두지 않으면 한두 사람이 억지로 몸을 뉠 만하다. 서쪽으로는 가로세로 50×75cm 정도쯤 되는 상당히 큰 창문이 나 있다. 그러나 이 방의 정확한 용도는 전해지지 않는다.

다. 대청

안채에서 동향한 3칸은 대청이다. 안방 쪽 두 칸은 모두 벽으로 막혀 있고, 나머지 한 칸 쪽에 집의 서쪽 밖으로 통하는 두짝문이 달려 있다.

이 마루는 이 집 전체의 대청이고, 제청祭廳으로 사용되는 곳이기도 하다. 요즈음은 일반 기제사는 대구에 있는 종손의 사가에서 모시고 있으므로, 불천위 기제사를 모실 때만 이곳을 제청으로 사용한다고 한다. 안채 마당에서 계단을 통해 석 자 정도 올라간 높이에 있으므로, 집 전체를 한눈에 볼 수 있다. 안채 전

안채 대청

체와 마루로 연결되어 있어 바깥사랑채를 제외하고는 안채의 모든 곳이 다 이곳을 통해 서로 연결된다.

가운데 칸을 제외한 양쪽 칸 서쪽 벽에 한 칸씩을 다 차지하는 기다란 시렁을 만들어 두어서 수납공간으로 사용하고 있지만, 대체로 아주 깔끔한 인상을 준다.

라. 별당채와 안사랑채

동서로 앉아 남면과 북면을 겸한 5칸은 별당채와 안사랑채다. 종손의 전언에 의하면 대청마루에 붙어 있는 방이 별당채로

별당채와 안사랑채

안사랑채

쓰인 것 같다. 종손은 송간松磵 송광정宋光廷의 사위가 되어 이 집으로 장가온 청천당聽天堂 장응일張應一(1599–1676)이 이 방을 신방으로 사용하였다는 이야기를 전해 들었다고 한다. 주 출입문은 대청마루 쪽으로 나 있지만, 남쪽으로 내다볼 수 있고 경우에 따라서 출입도 할 수 있는 문이 하나 더 나 있다. 이 방의 아궁이는 남쪽 바깥에 나 있다.

이 방에서 사랑채 쪽으로 붙어 있는 한 칸은 방이 아닌 마루로 되어 있는데, 안채 쪽에서는 사용할 수 없도록 나무를 대어 막아 두었고, 바깥에 면한 남쪽에서는 열고 들어올 수 있도록 문이 설치되어 있다.

이 마루방 동쪽에는 두 칸짜리 방과, 이 방에 붙은 다락이 있다. 다락 밑은 남문이다. 종손은 이 방에 종손의 아들 부부가 살았다고 추측한다. 중사랑채 또는 안사랑채라는 말이다. 이 방도 안방의 출입문처럼 칸마다 다른 형태의 문이 달려 있다. 마루방에 붙은 출입문은 대청마루와 연결된 쪽마루와 같은 높이에서 다섯 자 정도 높이로 달려 있다. 남문 쪽에 붙은 출입문은 석 자 정도 높이로 좀 더 작다. 안방이 그렇듯 문을 열고 내다보며 지시하기 좋은 형태인데, 이 방 안에 앉아 문을 열고 내다보면 가운데의 뜰을 두고 부엌이나 안방과 바로 소통할 수 있다는 점에서 매우 편리하게 설계되었음을 알 수 있다. 안방과 달리 이 방은 두 칸 모두 남쪽으로 문이 크게 나 있고, 문 밖에는 툇마루가 설치되어 있어, 남향으로서의 장점을 누림과 동시에 바깥으로도 금방

부엌채에서 안방으로 올라가는 계단

통할 수 있도록 설계되어 있다.

백세각은 봉암산鳳巖山이 완만하게 내려와 난산卵山과 연결되는 경사면에 위치해 있기 때문에 'ㄷ' 자 형태의 안채가 뜰보다 높게 앉아 있다. 그리고 뜰과 건물 사이에 다듬은 돌을 사용하여 석 자 정도 높이로 축대를 쌓고, 뜰에서 안채로 올라가는 4단의 계단을 세 군데 만들어 두었다. 대청마루로 올라가는 정면 가운데 계단이 그 하나요, 부엌문에서 안방으로 올라가는 계단이 또 하나요, 남문 쪽에서 안사랑채로 올라가는 계단이 나머지 하나다. 부엌 쪽에서 안방으로 올라가는 계단이 3단으로 보이는 것은 부엌문 앞쪽이 이미 뜰에서 한 단 높이로 널찍하게 돋우어져 있어 금방 눈치 채기 어렵기 때문이다.

(5) 현판

안채에는 현판이 없다. 오직 사랑채에만 다섯 개의 현판이 걸려 있다.

가. 백세각百世閣

종가 건물 전체의 명칭이다. 1600년 무렵에 석봉石峯 한호韓濩가 이곳에 와서 한 달 가까이 머무를 때 써 준 글씨가 근래까지 붙어 있었다고 한다. 지금 글씨는 후손 송준강宋浚康이 쓴 것이라고 한다. '백세'는 '백세청풍'의 뜻이고 각閣은 석축으로 높이 쌓은 큰 집을 뜻하는데, 과연 누가 이 집 이름을 이렇게 지었는지는 명확하게 전해 오지 않는다. 한호가 을사사화 때 보여 준 송희규의 청렴淸廉하고 준절峻節한 정신을 높이 평가해서 써 준 것이라고 본다면, 후손으로서 영광스럽다고 할 것이다.

나. 야계고택倻溪古宅

야계 송희규의 고택임을 명시明示하는 말이다. 이 글씨 또한 석봉 한호가 이곳에 와서 백세각이라는 현판과 함께 써 준 것이라 한다. 이 또한 불타기 전까지 붙어 있었던 것이나, 지금의 글씨는 후손 송준강이 쓴 것이다. 야계의 뜻이 무엇일까 추측해 보면, 야계의 '야倻'는 '가야伽倻'에서 왔다고 하지 않을 수 없다. 가야라는 지역을 의미한다면 야계는 태어나서 자란 성주를 가리키는 말일 것이다. 만약 가야산伽倻山을 가리키는 것이라면, 가야산 동쪽과 북쪽에 있는 성주를 염두에 둠과 동시에 가야산 남쪽에 있던 본관지 야로 또한 염두에 두었다고 할 수 있다.

다. 봉하鳳下

봉하는 송희규의 14대손 송홍익宋鴻翼(1802–1876)의 호다. 그의 아버지 퇴암退庵 송인화宋寅和(1781–1856)는 '퇴계 후 일인一人'이라는 명성을 얻은 대산大山 이상정李象靖의 아들 면암俛庵 이우李瑀의 문인이며, 1825년에 생원에 입격한 인물이다. 봉하라는 호는 아마도 봉암산 아래에 살았기 때문에 쓴 것으로 보인다. 이 현판은 백세각 대청마루 바로 옆에 있는 방의 동쪽 문미에 걸려 있다.

라. 암하巖下

암하는 봉하의 아들 송기선宋祺善(1833–1917)의 호다. 송준필이 편찬한 『선세문헌先世文獻』에 의하면, 그는 송희규의 아들 승문원 정자 송현宋鉉과 현손 사전砂田 송시영宋時詠(1579–1626)의 「유사遺事」, 6세손 고산孤山 송심宋燖(1628–1664)의 묘갈墓碣, 14세손인 자신의 아버지 봉하 송홍익의 「가장家狀」을 찬술하였다. 암하는 봉암산 아래에 산다는 뜻인데, 아버지는 봉하라 하고 아들은 암하라 하였으니, 부자 사이의 호를 작명한 의의가 아름답고 다정하다.

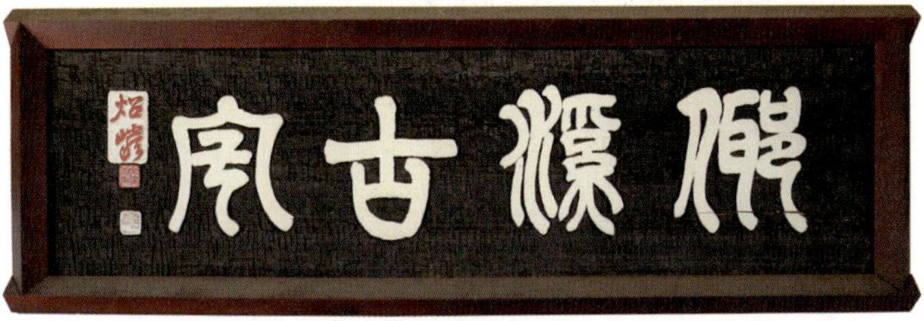

야계고택 현판

봉하 현판

암하 현판

마. 통고국내문通告國內文

이 현판은 1919년 음력 2월에 쓴 글이다. 1919년 3월 1일에 전국적으로 만세 운동이 일어났는데, 이날은 음력으로 1월 29일이다. 공산 송준필(1869-1943)의 아들 송인근宋仁根(1894-1933)의 기록에 의하면, 음력 2월 2일 고종高宗의 인산因山 때 만세 운동이 일어났다고 하였고, 그 이튿날 백세각에서 송준필宋浚弼, 송회근宋晦根(1877-1949), 송수근宋壽根(1896-1969), 송규선宋圭善(1880-1948), 송인건宋寅建(1892-1954), 송인집宋寅輯(1896-1961) 등이 함께 모여 궐기할 뜻을 굳히고 회당晦堂 장석영張錫英에게 편지를 보내어 그의 수락을 얻었다. 그리고 그 이튿날 심산心山 김창숙金昌淑이 백세각으로 찾아와 면우俛宇 곽종석郭鍾錫과 의논해야 한다고 하여 김창숙과 송규선이, 곽종석이 거주하고 있던 거창의 다전茶田으로 갔다. 그 뒤 10여 일 만에 곽종석·장석영 등 수십 명의 동지를 얻었고, 2월 25일에 이 「통고국내문」이 완성되었다. 봉강서당鳳岡書堂 흥효당興孝堂의 마루가 감나무로 된 것이어서 이를 한 장 뜯어, 「통고국내문」을 판에 새긴 다음 인쇄해 각지에 배포하였다.

다음은 이 글의 전문을 번역한 것이다.

아아, 죽느냐 사느냐는 하늘이 결정한다. 나라가 광복이 되면 죽어도 사는 것이고, 나라가 광복되지 못하면 살아도 죽는 것이다. 지금이 어느 때인가? 서울 이하로 이름난 도회지와 큰 항구에서부터 궁벽한 산골에 이르기까지 혈기를 갖고 살아가는 우리 모두가 기쁘게 부르짖고 북을 치면서 춤을 추고 한결같은 마음으로 동시에 만세를 부르지 않는 사람이 없다. 하

「통고국내문」 현판

「통고국내문」 목판

늘이 우리에게 재앙을 준 것을 뉘우치고 있음과 사람들의 마음이 단결되어 있음을 이로써 알 수 있다.

아아, 우리가 입을 꿰매고 혀를 붙잡아 매어 두고서 분통의 눈물을 흘리며 울음소리도 내지 못한 지 이제 십 년이 되었다. 이 천재일우의 기회를 만나서 세계만방의 공정한 의논이 저절로 있을 것이니 우리나라의 중흥 광복을 바랄 만하다. 대체 우리가 어떠한 사람이기에 이런 상황에서 문을 닫아걸고 앉아 있을 수 있겠는가?

이에 우리들이 분개하고 울적한 마음을 이기지 못하고 글을 날려 우러러 고하노라. 이는 실로 팔도에 사는 우리나라 사람들이 모두 같은 생각이어서 여러 군자들도 생각건대 역시 마음속으로 훤히 알고 있을 것이다. 바라건대 지금부터 군에서 면으로 면에서 마을로 알려 각기 독립의 깃발을 세워 우리가 종노릇을 하지 않겠다는 뜻을 분명히 보여 주어야 할 것이다.

그리하여 드디어 다시 만국평화회의에 장서를 보내 우리의 실정과 소원을 알도록 함으로써 공정한 논의를 넓게 펼칠 수 있으면 천만다행이리라.

기미년(1919) 2월 송준필이 글을 짓다.

[嗚呼 死生天也 國復則死猶生也 國未復則生亦死也 此日何日 漢師以下 外至名都巨港 以及窮山僻巷 凡我血氣含生 無不歡呼鼓舞 齊心同唱 天意之悔禍 人心之團結 已可知爾 嗚呼 吾人之緘口結舌 憤淚含聲 今十年于玆矣 遭此千一之會 萬邦之公議自在 國家之興復可望也 而吾輩何人 猶可以閉户而坐耶 鄙等不勝憤鬱 飛文仰告 此實八域之同情 而僉君子想亦炳然于中矣 願自今 郡而鄕 鄕而洞 而各立獨立之旗 以明我罔僕之義 遂復投函於萬國之會 使知情願 得以恢張公議 千萬幸甚 己未二月 宋浚弼撰]

음력 3월 2일은 양력으로 4월 2일이었는데, 이날은 성주읍의 장날이었다. 이날 성주 군민이 장터에 운집하여 만세를 부르고 나중에는 성주경찰서 옥상까지 올라가 만세를 불렀다고 한다. 이 일로 음력 3월 5일 송준필과 송회근, 송수근 등이 잡혀갔는데, 4월 2일(음력 3월 2일) 성주 장날 만세 운동을 주동했다는 것과 파리 평화 회의에 보내는 장서에 서명한 것을 문제 삼은 것이었다. 송준필은 이 일로 음력 4월 21일에 징역 7개월을 언도받았고, 대구형무소 등에서 복역하다가 7월 26일에 석방되었다.

이처럼 백세각은 일제 치하 독립 운동의 진원지 역할을 한 곳이자, 프랑스 파리의 만국평화회의에 장서를 보내는 전국 모임의 진원지 역할을 한 매우 의미 깊은 장소라는 점을 기억해 둘 필요가 있다.

2) 사당

야계 송희규 내외의 불천위 신주가 사당의 정면에 위치해 있고, 그 오른쪽에 종손의 고조부와 조부의 신주가 위치해 있으며, 그 왼쪽으로는 종손의 증조부와 부친의 신주가 위치해 있다. 고조부의 신주가 나가게 될 경우 조부의 신주가 그 자리로 가서 새로운 종손의 증조부가 되고 새로 들어오는 신주는 조부의 자리로 들어가서 앉게 된다.

(1) 신주의 형태와 모셔 두는 절도

『가례』에서 주자는 정자의 말을 인용하여 가례의 규범을 제시하였는데, 우리나라에서는 대체로 이를 준용하였다. 신주용 나무는 밤나무를 사용한다. 받침은 사방 4촌寸이니, 이는 4계절을 상징한다. 신주의 높이는 1척尺 2촌寸이니, 이는 12개월을 상징한다. 신주의 너비는 30분分이니, 이는 한 달의 날짜를 상징한다. 신주의 두께는 12분分이니, 이는 하루의 시간을 상징한다.

신주는 두 쪽으로 나뉘어 있는데 앞쪽은 표면表面과 이면裏面으로 구성되어 있고, 이면 함중陷中에는 관직, 성명, 자를 기록하며, 표면에는 층호層號와 봉시封謚를 기록한다. 앞쪽과 뒤쪽을 합쳐서 받침[趺]에 끼워 넣고 측면 양쪽 곁에 구멍을 뚫어 함중이 소통되게 한다. 받침 아래에는 깔개를 깔고, 신주는 천으로 만든 신주집[韜]에 넣은 뒤 나무로 만든 독 안에 고위考位가 비위妣位의 오른쪽에 위치하도록 나란히 모신다. 불천위 신주의

사당

경우에는 독을 모셔 두는 독집을 따로 만들어 독을 그 안에 모셔 둔다.

(2) 신주의 표제 글씨와 그 의미

현재의 신주 전면에 쓰인 표제表題 글씨와 방제旁題 글씨는 다음과 같다. 신주의 표제 글씨는 두 줄로 쓰지 않는다고 한다. 야계 송희규의 신주 표제 글자는 84자나 되어 이를 한 줄로 쓰자니 자연 글씨가 작아서 눈이 밝은 사람이 아니면 읽기가 어려울 정도다. 읽기도 어려우니 이를 쓴 사람의 세심한 글씨 솜씨는 또 무엇이라 표현해야 적당할까. 신주의 전면 표제 글씨는 분판粉板에다 쓰는데, 이는 한 대가 지날 때마다 층호層號와 방제旁題를 바꾸어 써야 하기 때문이다.

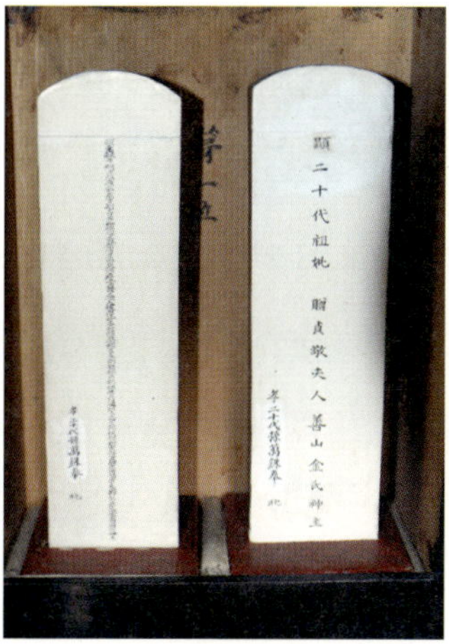

야계 송희규 신주

顯二十代祖考贈資憲大夫吏曹判書兼知經筵義禁府事弘文館大提學藝文館大提學知春秋館成均館事五衛都總府都摠管行通訓大夫弘文館校理知製敎兼經筵侍讀官春秋館記注官諡忠肅公府君神主

孝二十代孫萬銖奉祀

顯二十代祖妣贈貞敬夫人善山金氏神主

孝二十代孫萬銖奉祀

층호의 경우, 『예기』나 『의례』 등에서는 '현고顯考'라 하지 않고 '황고皇考'라 하였는데, 후세에 '황고'가 '현고'로 바뀌게 되었다. 이는 황자가 가지는 제왕적 권위 때문으로 보인다. 그러니 '현顯'의 의미 또한 '황皇'과 같이 '훌륭한, 거룩한, 빛나는' 등의 뜻이라고 봄이 타당할 것이다. 관작의 경우, 자헌대부 이하 도총관까지가 증직으로 받은 품계와 관직이고, 통훈대부 이하 기주관까지가 실직으로 받은 품계와 관직이다. 봉시封諡의 경우 봉군된 적은 없고 '충숙공'이란 시호를 받았으므로 이를 분명히 드러내어 기록해 둔 것이다. 부군은 남자 조상에 대한 존칭이다. 선산김씨의 경우, 증직 자품이 '정경부인'인 것은 고종 때 가증加贈된 까닭임을 묘소의 비석 기록을 통해 알 수 있다.

위의 신주 표면에서 한 대가 지나고 나면 '이십二十'이 모두 '이십일二十一'로 바뀌고 '만수萬銖' 자리에 새 종손 이름을 대체하여 쓴다. 이것은 이른바 길제吉祭 때에 이루어지는 것이다.

사당 단청

(3) 단청의 특징적 면모

송희규 종가 사당은 단청이 특이하다. 일반적으로 산 모양과 마름 모양, 구름 모양 등으로 단청을 하는데, 여기에는 그 사이에 사군자가 그려져 있다. 어느 시대에 누가 그린 것인지 알 수 없다. 근래에 사당을 수리하면서 단청을 잘하는 사람이 다녀갔는데, 오래된 사군자 단청을 보고 감탄하면서 새로 단청할 일이 있으면 자기를 불러 달라고 하였다고 한다. 그래서 단청할 때 그에게 알렸더니 오래된 단청을 잘 살려서 지금 보이는 것처럼 되었다고 한다. 이것이 잘된 것인지 아닌지도 평범한 눈으로는 알 길이 없고, 그것이 얼마나 가치가 있는지도 알 길이 없다. 적어도 매화, 난초, 국화, 대의 사군자는 선비의 절개와 고상한 마음을 상징하는 것이므로, 야계 송희규의 불천위 사당에 이 그림을 그려 둔 것은 실상과 부합한다고 하지 않을 수 없을 것이다.

3) 회화나무

백세각 동쪽 담장 쪽으로 붙어서 세 그루가 우뚝하게 자리 잡고 있다. 한 그루는 대문 입구 북쪽으로 관리사에 가까이 있는데, 크기가 가장 작다. 한 그루는 백세각 마루에서 정면으로 동편에 보이는데, 이 회화나무가 세 그루 가운데 가장 굵다. 사당 동쪽에 있는 나무가 중간 크기다.

사당 남쪽 편에 공산 송준필의 집이 있었는데, 그 집에도 회화나무가 한 그루 있었다고 한다. 종손은 이 나무 또한 당시 종가의 범위 안에 있었으니, 모두 네 그루의 회화나무가 있었다고 기억한다. 그러나 공산 송준필의 집에 있던 것은 지금은 없어졌다.

회화나무에 대해서 종손은 과거에 급제한 사람 집에 심어 두는 것이라고 알고 있다. 그러면서 송희규와 그 아들 송현 및 증손 송광정, 송광계 등 3대 4인이 문과에 급제했던 사실을 증거로

회화나무

삼는다.

그러나 집에 회화나무를 심는 이유가 반드시 집안사람이 과거에 급제했기 때문은 아닌 듯하다. 우리나라 곳곳에 '삼괴헌三槐軒', '삼괴당三槐堂', '쌍괴당雙槐堂', '삼괴정三槐亭', '쌍괴정雙槐亭' 등 회화나무를 뜻하는 '괴槐'를 붙인 집들이 있고, 그 집에서 회화나무를 오래도록 보호해 온 예도 있지만, 그렇다고 해서 그런 집에 반드시 문과 급제자가 있었던 것은 아니다.

동파 소식이 「삼괴당명」에서 언급한 바에 의하면, 송나라 때 진국공晉國公 왕호王祜가 "일찍이 자기 집 뜰에 회화나무 세 그루를 심으면서 '내 자손 가운데 반드시 삼공이 될 자가 있을 것이다.[嘗手植三槐於庭 曰吾子孫 必有爲三公者]"라고 하였는데, 그 뒤 과연 그 아들 위국 문정공文正公 왕단王旦이 정승이 되어 복록을 누렸다고 한다. 다음은 그 명銘 부분이다.

위국공의 유업이 회화나무와 함께 싹텄네.	魏公之業 與槐俱萌
나무를 심고 북돋운 공효는 기어코 대를 지나 이루어졌네.	封植之功 必世乃成
진종의 정승이 되어, 온 세상이 태평하였네.	旣相眞宗 四方砥平
돌아와 그의 집 둘러보니, 회화나무 그늘이 뜰에 가득하네.	歸視其家 槐陰滿庭
우리는 소인이라, 아침에 저녁 일도 계획하지 못하네.	吾儕小人 朝不謀夕
때를 보아 이익을 뒤쫓으니, 어찌 덕행을 생각했겠는가.	相時射利 皇恤厥德
요행이나 바라면서, 씨 뿌리지 않고 거두려 하였네.	庶幾僥倖 不種而穫
군자가 없다면, 그 어찌 나라를 다스려 내겠는가?	不有君子 其何能國
왕성의 동쪽에, 진국공의 저택이 있네.	王城之東 晋公所廬
울창한 세 회화나무는, 그 덕의 증거라네.	鬱鬱三槐 惟德之符

선비 집안에 회화나무 세 그루가 있다면, 이는 대체로 소동파가 언급한 것처럼 자손 가운데 정승 되는 자가 나오기를 바라는 마음에서 심었다고 보는 것이 가장 일리 있을 것이다. 따라서 송희규 종가의 회화나무 세 그루 또한 이러한 기원을 담아 심은 것이 아닐까 추측해 본다.

4) 정려비旌閭碑

야계 송희규의 효자 정려비다. 표제는 '효자증자헌대부이조판서행사헌부집의시충숙공송희규지려孝子贈資憲大夫吏曹判書行司憲府執義諡忠肅公宋希奎之閭'로 되어 있다. 여기에는 "순치 십육년 기해(1659) 3월에 돌에 새겨 다시 세우다."라는 기록과 "융희 이년 무신(1908) 4월에 증직과 시호를 다시 쓴다."라는 기록이 있다. 1543년 처음 정려가 나라에서 내려왔을 적에는 나무로 된 홍살문 형태였을 터인데, 1659년에 이를 돌에 새겨 세웠다는 말이고, 1870년에 가증되고 시호가 내려지자 1908년에 이를 반영하여 다시 비석을 새로 세우게 되었다.

이면에 새겨진 글의 내용은 다음과 같다.

> 공의 자는 천장天章이고 호는 야계倻溪며, 본관은 야로冶爐다. 나이 겨우 8세에 아버지가 할머니의 상중에 있을 적에 곁에서 모시는 3년 동안 고기와 훈채를 먹지 않았다. 성장하여 어버이의 병이 위중해지자 변의 쓰고 닮을 맛보았으며, 상중에 있을 적에는 피눈물을 흘리면서 여막 밖을 나가지 않았다. 두 형 및 세 아우와 우애와 공경이 더욱 돈독하여 집안의 재물을 서로 미루어 주어 서로 구분이 없었다. 유독 제사를 지낼 때면 서로 먼저 그 정성과 공경을 다하니 온 고을 사람들이 탄복하였다. 이 일이 알려져 정려되었다. 그 터는 봉암산 아래에 있고, 묘소는 손동의 곤좌에 있다.
>
> [公字天章 號倻溪 冶爐人也 年才八歲 父居母憂 侍側三年 不食膻葷 及長 親疾危革 嘗矢辛甛 服喪泣血 不出廬外 二兄三弟 友恭彌篤 推與家資 物我無間 獨當祭 先盡其誠敬 一鄉歎服 事聞旌閭 基在鳳巖下 墓在遜洞坤坐]

정려각

정려비

이 정려비는 고산정마을 들머리에 서 있기 때문에, 이 마을로 들어오는 사람은 반드시 보고 경의를 표하지 않을 수 없다. 후손들도 마을을 출입할 적에 이 비석을 지나며 늘 자신을 돌아보았을 것이니, 송희규의 효행은 수백 년 동안 수많은 후손은 물론 지나는 길손에게조차 엄중하게 말없는 교훈을 내리고 있었던 것이다.

5) 송간정松磵亭

송간정은 송희규의 증손 송광정宋光廷(1556–1607)이 만년에 유식遊息하던 곳이다. 송광정은 한강寒岡 정구鄭逑(1543–1620)의 문인으로, 1585년 문과에 급제하여 울산부사蔚山府使를 역임하였다.

이 정자는 지금 백세각 앞쪽 길 아래에 동향으로 앉아 있는 4칸 집으로, 가운데 두 칸은 마루로 되어 있고, 양쪽이 방으로 되어 있다. '송간정松磵亭'이라는 현판이 당내의 우측에 걸려 있고, 좌측에는 척암拓庵 김도화金道和(1825–1912)가 1909년에 찬술하고 방후손 송홍래宋鴻來(1876–1948)가 글씨를 쓴 「송간정중건기松磵亭重建記」가 걸려 있다. 이 기문에서 초창된 곳의 위치와 중건의 연혁을 간단하게 살펴볼 수 있다.

> 성주의 바로 북쪽 30리쯤에 성대하고 깊숙하며 빼어난 것이 있으니 이것이 이른바 용봉산이다. 한번 굴러서 천령산天嶺山이 되고 다시 굴러서 자양산紫陽山이 된다. 이 산이 다시 북쪽으로 꺾이고 동쪽으로 벋어서 봉암산鳳巖山이 된다. 남쪽 고을의 맑고 훌륭한 기운이 이곳에 성대하게 쌓여 있다.

송간정

송간정 현판

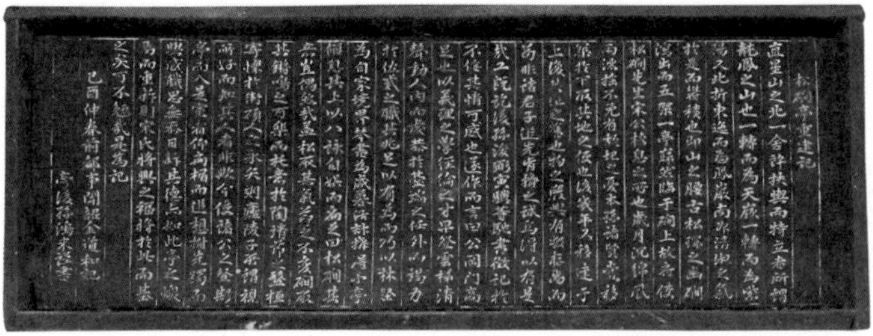

「송간정중건기」

이 산의 허리 지점에 가 보면 오래된 솔이 둘러 있고 그윽한 개울물이 쏟아져 나온다. 이 개울가에 5영楹 4칸의 정자가 우뚝한 모습으로 앉아 있었으니, 이곳이 바로 예전의 부사 송공이 머물면서 쉬던 곳이다.

세월이 오래되어 비바람에 흔들려 무너지고 기울어지는 근심이 있음을 면할 수 없었다. 그래서 본손 여러 분이 아래쪽으로 옮겨서 건축하였다. 이는 그 자리의 편리함 때문이었다. 그 뒤 여러 해가 지나서 다시 위쪽으로 옮겨 건축하였다. 그 예전 자리로 돌아간 것이다.

[直星山之北一舍許 蔚然而深秀者 所謂龍鳳之山也 一轉而爲天嶺 一轉而爲紫陽 又北折東迤 而爲鳳巖 南州清淑之氣 於是而蔚積也 卽山之腰 古松環之 幽澗瀉出 而五架一亭 巋然臨于澗上 故府使宋公棲息之所也 歲月沈緜 風雨漂搖 不免有頹圮之憂 本孫諸賢 嘗移築於下 取其地之便也 後幾年又移築於上 復其地之舊也]

이 글에 의하면 송광정이 처음 송간정을 지었던 곳은 봉암산 중턱쯤이었고, 중년에 관리의 편리함 때문에 백세각 가까이로 이건되었다가 다시 원래의 자리에 중건된 듯하다. 송준필의 기록에 의하면 원래의 자리에 다시 중건한 시기는 1861년이라고 한다.

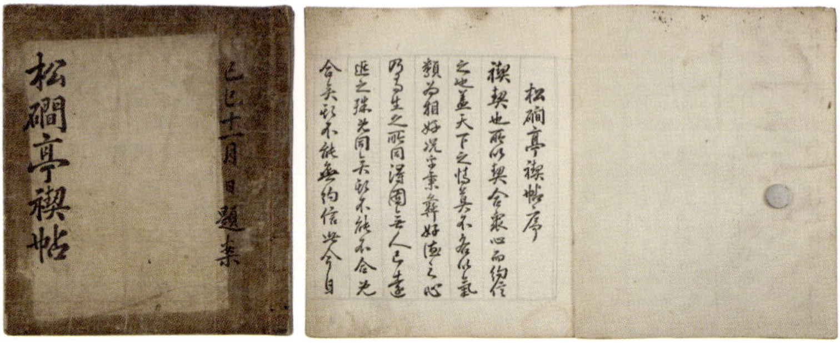

『송간정계첩』(한국국학진흥원 제공)

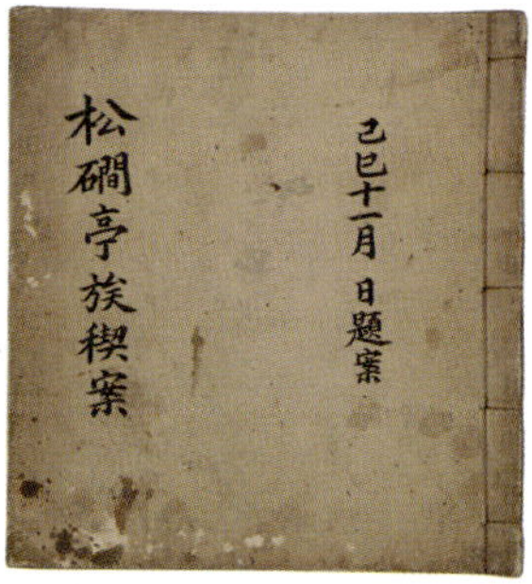

『송간정족계안』(한국국학진흥원 제공)

그런데 이 건물이 지금의 이 자리에 있으니 기문의 내용과 일치하지 않는 측면이 있다.

종손의 전언에 의하면, 백세각 남쪽 사당 뒤쪽에 이 건물이 있던 것을 근래에 다시 이곳으로 옮겼다고 한다. 그렇다면 1909년 이후 다시 한 차례 더 이건이 되었는데, 그 자리가 사당 뒤쪽이었다는 뜻이다. 사당 뒤에 있는 것이 마땅하지 않다는 의견이 있어

다시 지금의 자리로 옮겼다고 하는데, 분명한 이건 시기는 기록으로 남아 전하지 않는다.

이곳은 지금 별로 이용하는 사람들이 없다. 송광정은 송희규의 맏증손이라 이 분과 관련되는 일에 대해서는 후손들이 가까이 있는 백세각에서 의논하면 되기 때문에, 공부하기 위하여 이용되지 않는 한 오늘날에 와서 이곳이 달리 이용될 길이 없게 되었기 때문으로 보인다.

6) 용계서당龍溪書堂

용계서당은 송희규의 증손이며 송광정의 셋째 아우인 송광계宋光啓(1566-1615)를 위하여 후손들이 지은 전면 5칸 집의 서당이다. 고산정마을 양지뜸 중간쯤에 남향으로 위치하고 있다. 가운데 두 칸이 마루고, 서편 두 칸과 동편 한 칸이 방으로 되어 있다.

송광계는 형과 함께 한강 정구를 사사하였으며, 1606년 문과에 급제하여 종부시정宗簿寺正을 역임하였다.

현액은 '용계서당龍溪書堂'이라 하였고, 당내 좌측에 '봉양재鳳陽齋'라는 현판이 걸려 있다. 우측에는 진성인眞城人 유천柳川 이만규李晩煃(1845-1921)가 찬술하고 방후손 회천晦川 송홍래宋鴻來가 1917년에 글씨를 쓴 「봉양재기鳳陽齋記」가 걸려 있다. 당내 동벽에는 1965년에 방후손 송수근宋壽根(1896-1969)이 찬술하고 경산인京山人 이상건李相虔(1898-1989)이 글씨를 쓴 「용계서당기」가 걸

용계서당

려 있다. 봉양재 현판 글씨는 석촌石邨 윤용구尹用求(1853-1939)가 쓴 것이고, 용계서당 현판은 귀전歸田 이상건李相虔이 쓴 것이다.

「봉양재기」에 의하면 1604년에 용계 송광계가 봉암산 기슭에 작은 집을 지어서 만년의 도구지소菟裘之所로 삼았는데, 이 건물이 오랜 세월에 기울어지고 허물어지자 1849년에 봉암산 양지 쪽으로 옮겨 6영 5칸 집으로 증축한 것이라고 한다.

「용계서당기」에 의하면 봉양재가 허물어져서 1962년에 다시 좀 더 크게 지은 뒤에, '재齋'라는 칭호는 사적私的인 것이고 '서당書堂'의 칭호는 사림 공공公共의 것이라 하여, 봉양재를 중건하면

용계서당 현판

봉양재 현판

서 용계서당이라 이름 붙였다고 하였다. 용계는 고산정마을을 관통하여 흐르는 시냇물 이름이라고 한다.

7) 봉강서당鳳岡書堂

1786년에 인근 명곡椧谷 아래쪽에 봉강서원鳳岡書院이 창건되어 송희규宋希奎와 신연新淵 송사이宋師頤의 위패를 봉안하였다. 봉강은 봉암산 또는 용봉산 언덕이란 뜻이다. 1838년에 지반이 기울고 집이 무너져서 손곡遜谷의 분암墳庵 곁으로 옮겼다.

손곡의 묘소 아래 분암은 원래 송희규의 손자 송유경宋惟敬이 건축하여 승려로 하여금 수호토록 하였던 것이다. 이는 임진왜란

때 불타 버렸고, 1619년에 송희규의 현손 송시영宋時詠(1579–1626)이 15칸으로 중건하였다. 1725년에 문루 5칸을 더 짓고는 근곡芹谷 이관징李觀徵(1618–1695)으로부터 받아 둔 글씨 '흥사재興思齋'를 이곳에 걸었다. '흥사'는 '사모하는 마음을 일으킨다.'는 뜻이다. 이관징은 이조판서를 역임한 인물로, 성호星湖 이익李瀷과 친분이 두터웠던 큰 학자 식산息山 이만부李滿敷(1664–1732)의 할아버지다.

1838년에는 이 흥사재에다 사당과 전사청典祀廳을 별도로 더 건축하고는 봉강서원을 이곳으로 옮겼다. 그러나 사액을 받지도 못하고 1868년에 서원훼철령에 의해 훼철되었다. 1869년에 서원의 폐자재를 이용하여 흥효당興孝堂이라는 강당과 돈륜재惇倫齋, 낙영재樂英齋라는 동서실을 가진 봉강서당鳳岡書堂으로 재건하여, 한편으로는 독서강학하는 공간으로 쓰였고 한편으로는 송희규를 사모하는 공간으로 쓰였다. 이후 1909년에 중수하고 향산響山 이만도李晩燾(1842–1910)에게 기문을 받았다. 그리고 다시 1938년에 중수하고 난 뒤 후손 송준필이 기문을 남겼다.

'흥효' 역시 효도하는 마음을 일으킨다는 의미로 '흥사'와 그 뜻이 비슷하다. '돈륜'은 윤상倫常을 돈독히 한다는 의미이고, '낙영'은 인재를 육성하는 것을 즐거워한다는 의미다. '돈륜'은 분암으로서의 역할을 염두에 둔 작명이고, '낙영'은 서원으로서의 역할을 염두에 둔 작명이라 할 것이다. 오늘날은 서원으로서의 역할은 전혀 하지 않고, 묘사 때에만 사용한다고 한다.

봉강서당

봉강서당 현판

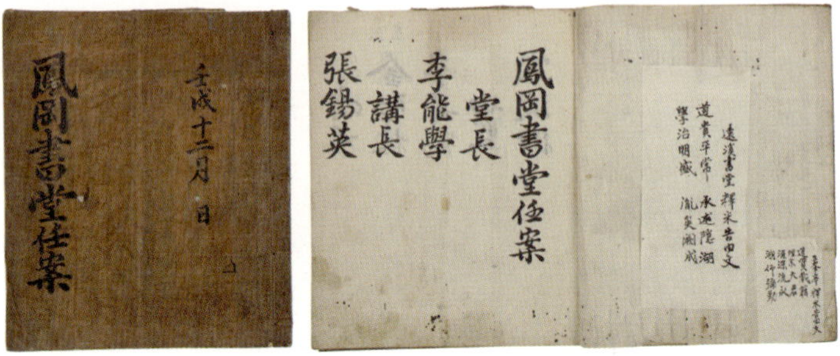

『봉강서당 임안』(한국국학진흥원 제공)

지금 다섯 칸 집으로 동향하여 앉은 건물 정면 가운데 걸려 있는 '봉강서당鳳岡書堂'이란 현판은 자세히 보면 '당堂' 자 한 글자가 다른 글자보다 획이 약간 굵어 새로 새겨 넣은 글씨임을 알 수 있는데, '봉강서원' 현판의 '원院' 자를 깎아 내고 새롭게 보판補板한 까닭이다. '봉강서원'이란 현판의 글씨는 번암樊巖 채제공蔡濟恭(1720-1799)이 쓴 것이라고 한다.

가운데 두 칸이 마루로 되어 있고 북쪽 두 칸과 남쪽 한 칸이 방으로 되어 있는데, 마루의 왼쪽에는 '흥효당'이라는 현판이 걸려 있고 오른쪽에는 이만도李晩燾가 짓고 방후손 송홍래宋鴻來가 쓴 「봉강서당기」가 걸려 있다. '낙영재' 현판은 마루의 북쪽 들보에 걸려 있고 '돈륜재' 현판은 마루의 남쪽 들보 위에 걸려 있다. 이 두 현판의 글씨는 후손 송인한宋寅漢(1881-1941)이 쓴 것이다.

이 서당 뒤에는 관리사가 남향으로 앉아 있고, 그 위에 분암이 동향으로 앉아 있다. 분암에는 현판을 걸지 않았다.

흥효당 현판

돈륜재 현판

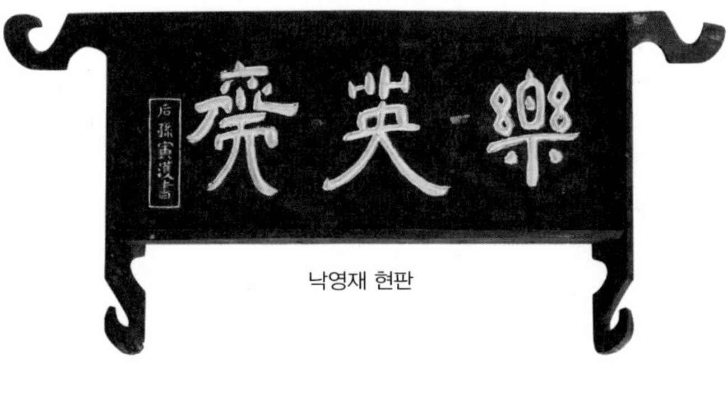

낙영재 현판

손곡 입구에는 야계 송희규의 묘비가 있는데, 이 묘비 뒤쪽 논 너머로 묘소가 바로 보인다. 이 비석은 귀부와 이수를 갖추었으며, 갈암葛庵 이현일李玄逸(1627–1704)이 글을 짓고 두전頭篆은 허호許翃(1645–?)가, 비문 글씨는 고촌孤村 배정휘裵正徽(1645–1709)가 쓴 것이다. 두전은 '야계송선생묘비명倻溪宋先生墓碑銘'이라 되어 있는데, '선생' 두 글자의 전서가 매우 독특하다. 표제는 '조선국통정대부행상주목사야계선생송공묘비명병서朝鮮國通政大夫行尚州牧使倻溪先生宋公墓碑銘幷序'로 되어 있다. 신도비 모양으로 서 있으나, 표제와 두전에서 모두 '묘비명'이라 하였고, 『갈암집』에는 「통정대부행대구부사야계송공묘갈명通政大夫行大丘府使倻溪宋公墓碣銘」으로 되어 있다.

비석 마지막 부분에는 '숭정崇禎 병자丙子 후後 칠십년七十年 을유乙酉(1705)'에 세운다고 되어 있다. 그러나 표제 옆 찬자, 두전, 서자를 기록하는 세 줄의 빈 곳을 이용하여 입비 후 31년 을묘년(1735)에 '증가선대부이조참판겸동지경연의금부성균관춘추관사홍문관제학세자좌부빈객오위도총부부총관贈嘉善大夫吏曹參判兼同知經筵義禁府成均館春秋館事弘文館提學世子左副賓客五衛都摠府副摠管'으로 증직되었다는 사실을 추가로 새겨 둔 점을 눈여겨볼 필요가 있다. 종이품 이상의 관원이라야 신도비를 세울 수 있기에, 1705년에는 묘비명이라고 할 수밖에 없었지만, 1735년에 종이품인 이조참판의 증직이 있었기에 충분히 신도비를 세울 수 있게 되었음을 드러내기 위한 표현이었던 것이다.

송희규 묘소와 신도비

묘소는 네 층위로 되어 있는데, 중간에 송희규 내외의 묘소가 있고, 뒤에는 아들 송현 내외의 묘소가 있다. 송희규 묘소의 아래에는 둘째 손자 송유신 내외의 묘소가 있으며 그 아래로 송유신의 아들 송광흥의 묘소가 있다. 전후묘前後墓와 상하묘上下墓의 두 가지 형태가 동시에 이루어져 있는 것을 여기서 볼 수 있다. 전후묘는 앞쪽에 높은 분을 두는 무덤 형태고, 상하묘는 위쪽에 높은 분을 두는 무덤 형태다.

야계 송희규 내외 묘소의 앞에는 각각 근래에 세운 커다란 묘표가 서 있다. 그러나 묘소 일곽의 측면 빈 공간에 예전 비석이

곳에 따른 송희규 관직 표기

연대	명칭	관직 표기	비고
1561년	묘표	通政大夫行尙州牧使宋希奎之墓	묘소
1704년	묘비	通政大夫行尙州牧使倻溪先生宋公墓碑銘	신도비 형태
1735년	묘비	贈嘉善大夫吏曹參判兼同知經筵義禁府成均館春秋館事弘文館提學世子左副賓客五衛都摠府副摠管	증직 추가
1880년	묘표	忠肅公倻溪宋先生之墓	시호 추가
1908년	정려비	贈資憲大夫吏曹判書行司憲府執義諡忠肅公宋希奎之閭	증직·시호 추가
1951년	신주	贈資憲大夫吏曹判書兼知經筵義禁府事弘文館大提學藝文館大提學知春秋館成均館事五衛都總府都摠管行通訓大夫弘文館校理知製敎兼經筵侍讀官春秋館記注官諡忠肅公府君神主	17대 종손 송회근 사후 개제

보존되어 있는데, 송희규 묘소 앞 비석은 1561년, 1704년, 1880년 등 세 차례의 개비改碑가 이루어졌음을 알 수 있다. 이와 아울러 송희규의 관직이 조금씩 다르게 표기되어 있는데, 이를 정리하면 위의 표와 같다.

이를 보면 증직이나 시호가 내려짐으로 인해 관직이 다시 기록된 것 이외에 실직에 관한 기록이 세 가지로 나타남을 알 수 있다. 1561년과 1704년에 세워진 묘표와 묘비에는 '통정대부 상주목사'를 실직으로 표기하고 있고, 1908년에 다시 세워진 정려비에는 '사헌부집의'를 실직으로 표기하고 있으며, 1951년에 개제改題한 신주에는 '통훈대부 홍문관교리'를 실직으로 표기해 두고 있다. 그리고 여기에 더하여 이현일의 『갈암집』에 수록된 송희규의 묘비명에는 실직이 '통정대부 대구부사'로 표기되어 있다.

실제로 마지막에 한 벼슬은 '통정대부 대구부사'가 분명하다.

송희규 묘소

묘표와 묘비에서 '상주목사'를 내세운 것은 송희규가 상주목사 때의 정당한 처리에 불만을 품은 김광준이 1547년에 양재역 벽서 사건을 일으켜 전라도로 유배 가게 된 것을 분명히 드러내기 위함으로 보인다. 정려비에 '사헌부집의'를 내세운 것은 1545년에 문정왕후의 밀지를 당당하게 거부했던 것을 드러내기 위함이며, 신주에서 '통정대부'보다 한 단계 낮은 '통훈대부'로서 '홍문관교리'를 하였다고 한 것은 그가 맡은 직분 가운데서도 청직淸職을 강조하기 위함이 아닌가 한다.

8) 단구재丹邱齋

손곡에서 내려와 개울을 따라 서쪽으로 더 올라가면 산기슭에 유곡마을이 있는데, 이곳도 야성송씨의 집성촌이며 크게 보아 이곳까지를 고산정이라고 한다. 이 마을에 송희규의 5대손 송세필宋世弼(1607–1684)을 추모하기 위한 정면 다섯 칸 집의 단구재丹邱齋라는 재실이 동향으로 앉아 있다. 좌우로 각 두 칸의 방이 있고 가운데가 마루로 되어 있다. 건물 정면에 '봉곡서당'이란 현판이 걸려 있고, 마루 안쪽에는 '단구재'라는 현판이 걸려 있다. '봉곡서당'이란 글씨는 귀전歸田 이상건李相虔(1898–1989)의 글씨고, '단구재'라는 글씨는 해봉海峰 이도원李道源(1915–1974)의 글씨다. 마루 북쪽에는 1943년에 송준필이 짓고 이도원이 쓴 「단구재기」가 걸려 있고, 남쪽에는 1984년에 벽진인碧珍人 이종렬李鍾烈이 지은 「봉곡서당기」가 걸려 있다.

송세필은 여헌 장현광을 사사하여 1654년에 생원과 진사에 모두 입격하였으며, 동호東湖 이서李舒(1566–1651), 등암藤庵 배상룡裵尚龍(1574–1655), 학가재學稼齋 이주李紬(1599–1669), 지분헌知分軒 장이유張以兪(1598–1660) 등과 도의로 교제했던 인물이다.

이 재실에는 봉곡서당이라는 현판이 건물 정면에 걸려 있는데, 봉곡이 바로 이 마을 닭실을 가리킨다. 그리고 봉곡서당은 원래 이 마을 깊숙한 백양산白羊山 기슭에 있던 서당으로 단구 송세필이 초기에 이곳에서 강학을 주도한 적이 있기 때문에 그를 기리는 재실에 이 현판을 걸어 둔 것이다. 산기슭의 바위에 '봉곡

단구재

서당鳳谷書堂'이라 큼직하게 새기고, 그 곁에 '순치계사초전동유곡 합력창립順治癸巳草田洞酉谷合力創立'이란 글자와 '유사나상경송세필 有司羅尙褧宋世弼'이란 좀 작은 글자가 지금도 남아 전한다.

이 암각 문자는 순치 계사년, 즉 효종 4년(1653)에 초전동과 유곡 사람들이 힘을 합쳐서 봉곡서당을 창립하였으며, 이때 이 일을 주도한 인물이 나상경羅尙褧(1607-1657)과 송세필宋世弼이란 점을 알려주고 있다.

1943년에 송준필이 지은 「단구재기」에 의하면 송세필 사후 200여 년이 지난 이때에 비로소 그를 추모하기 위해 처음으로 재

봉곡서당 암각자

실을 짓고 그 호를 재호로 걸었다고 하였다. 또한 1984년에 이종렬李鍾烈이 지은 「봉곡서당기」에 의하면, 송세필이 봉곡서당을 창건하여 강학했다는 근거 자료를 발견하고 이를 추모하기 위하여 단구재 자리에 건물을 다시 지어 건물 이름을 '봉곡서당'이라 붙이고, 옛 건물에 있던 '단구재' 현판과 「단구재기」 현판을 달아 둔 것이라 한다.

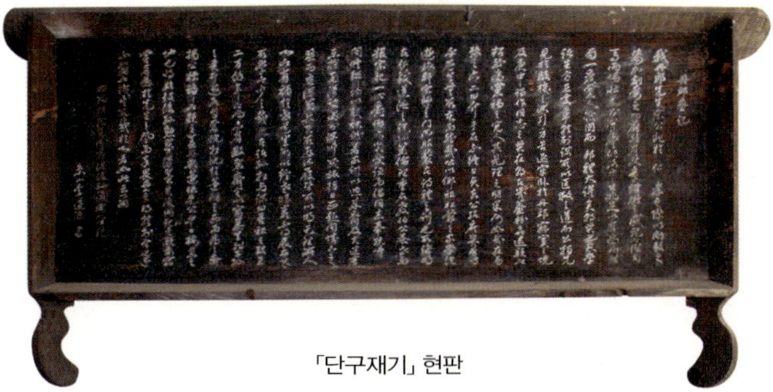

「단구재기」 현판

송세필의 9대손 송홍욱宋鴻昱(1900-1962)은 백세각에서 공산 송준필을 사사하여 유학 공부로 성취를 한 뒤에 전라도로 가서, 원불교 창시자 소태산少太山 대종사 박중빈朴重彬(1891-1943)에게 귀의하여 원불교의 2대 종사가 되어 교리를 완성하고 원광대학교를 설립하였다고 한다. 그래서 지금 이 단구재에는 그의 초상이 봉안되어 있다. 송홍욱의 이름을 소태산이 송규宋奎라 개명하여 주었고, 원불교 교도는 그를 정산종사鼎山宗師라 존칭하고 소태산을 이은 제2대 종사로 지극히 존모하여 숭앙하고 있다.

종가의
건축과 역사

2 가통과 드러난 후손들

1) 가통을 이은 종손들

야계 송희규의 가통을 이은 종손을 간단하게 정리하면 다음 쪽의 표와 같다.

송희규로부터 현재의 종손에게 가통이 이어지기까지 세대수로는 20대, 기간으로는 500년 가까운 세월이 흘렀다. 우리나라 조선시대 정치사를 보면 1623년 인조반정 이후로는 영남 지역 인물이 중앙의 청요직에 오른 경우가 거의 없다. 이러한 사실은 이 집안의 경우를 보더라도 증명이 된다고 할 만하다. 송희규로부터 4대에 이르기까지 생원·진사는 물론 문과에 급제한 인물이 대를 이어 배출되었지만, 그 이후로는 1800년대에 양대의 생원을 배출

송희규 가문의 역대 종손

세대	이름	생몰년	호	사우	부인	기타
본인	希奎	1494–1558	倻溪	晦齋沖齋	善山金匡佐女	1513進士 1519文科 弘文館校理
자	鉉	1517–1556		晦齋退溪	高靈朴繼祖女	1546生員進士 1556文科 正字
손	惟敬	1536–1592	省庵		平山申有定女	1561生員
증손	光廷	1556–1607	松磵	寒岡	全義李慶斗女	1585文科 府使
현손	時詠	1579–1626	砂田	寒岡旅軒	羽溪李孝麟女	永川李汝樑外孫壻
5	世伯	1603–1628			沃川全時憲女	聱漢孫英濟外孫壻
6	熢	1628–1664	孤山		八莒都世純女	陜川李天慶外孫壻 移追遠堂修百世閣
7	孝基	1652–1673			玉山張原女	苞山郭衛國外孫壻
8	玄錫	1679–1764		葛庵	光山李昌胄女	義城金是榮外孫壻 系子 壽僉知
9	之淑	1699–1768	高亭		星山呂昌濱女	苞山郭靈外孫壻
10	應文	1721–1792	警窩		星山呂孝曾女	平壤金胄世外孫壻
11	廷玉	1739–1772	修庵		光山金命元女	平山申益亨外孫壻
12	能欽	1759–1829	守翁	大山	韓山李師靖女	載寧李台煥外孫壻
13	寅和	1781–1856	退庵	俛庵	星山呂宜奎女	烏川鄭履運外孫壻 1827生員
14	鴻翼	1802–1876	鳳下	定齋	豊壤趙述舜女	豊山金海源外孫壻1825生員 鳳下集
15	祺善	1833–1917	巖下		永川崔道重女	廣州李以諧外孫壻 系子 巖下集
16	浚謨	1858–1905	公岑		坡平尹光殷女	光山金澐敎外孫壻
17	晦根	1877–1949	槐堂	恭山	晋陽姜琮馨女	仁川蔡象斗外孫壻 獨立有功
18	台燮	1900–1983	一星	恭山	星州都伯杰女	廣州李相杰外孫壻
19	載德	1919–1948			義城金成模女	海州鄭根泰外孫壻
20	萬銖	1950–			載寧李秉源女	義城金時彦外孫壻 系子
21	泳澤	1980–			京山李相春女	

하는 데서 그치고 있음에서 영남 전체의 맥락과 참으로 유사하다 할 것이다.

그렇지만 끊임없이 학문을 하면서 효우의 행동과 덕업·문장을 이어 온 것이야말로, 집안을 돈목하게 유지하고 이웃과 화목하게 지내는 아름다운 풍속을 이루어 내게 한 것이라는 점에서, 이 세상 다른 어떤 것보다도 그 가치를 높이 인정하지 않을 수 없을 것이다.

2) 드러난 후손들

사미헌四未軒 장복추張福樞(1815-1900)는 「야성세고서冶城世稿序」에서 다음과 같이 야성송씨 가문의 인물을 들고 있다.

> 전해 오는 말에 "근원이 멀면 물길이 길고 뿌리가 깊으면 잎이 무성하다."라고 하였는데, 나는 『야성송씨세고冶城宋氏世稿』를 읽어 보고 그러함을 더욱 믿게 되었다. 대개 송씨는 야성군冶城君으로부터 덕을 심고 복을 퍼뜨려 대대로 홍유석학鴻儒碩學이 나왔다. 심오한 학문과 우뚝한 절개, 그리고 덕업과 문장에 뛰어난 사람으로는 야계倻溪, 신연新淵, 아헌啞軒, 송간松磵 같은 이가 있고, 조정에서는 청렴하고 정직하며, 집안에서는 효도하고 우애한 사람으로는 용계龍溪, 단구丹邱, 만회晩悔, 매헌梅軒 같은 이가 있다. 이런 인재는 후손들에게 이어져 또한 문학과 행실로 뛰어난 이가 쇠퇴함 없이 배출되니, 참으로 영남의 이름난 집안이다.
>
> [語曰 源遠則流長 根深則葉茂 余讀冶城宋氏世稿 益信然矣 蓋宋氏自冶城君 種德流祉 代有鴻碩 其邃學卓節 德業文章 有若倻溪新淵啞軒松磵 立朝廉直 居家孝友 有若龍溪丹邱晩悔梅軒 延及苗裔 亦以文行勿替引之 允爲山南名族]

학문과 절개, 덕업과 문장, 청렴과 효우 등으로 구분하여 대표적인 인물로 송희규, 송사이, 송원기, 송광정과 송광계, 송세필, 송세빈, 송인휴 등 8인을 거명하였다. 이 가운데 송사이, 송

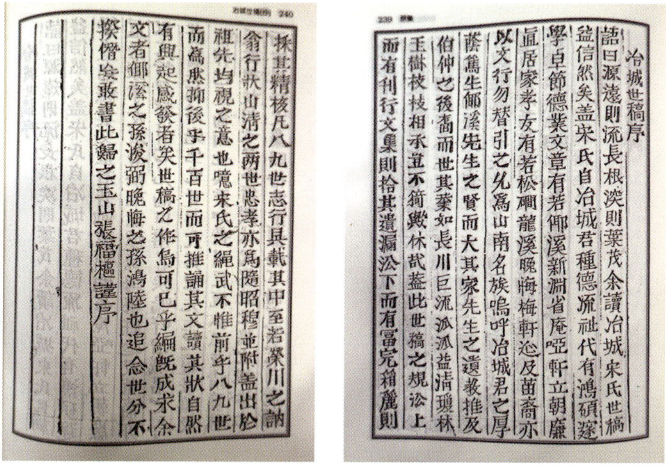
冶城世稿序

詩曰源遠則流長根深則葉茂余讀冶城宋氏世稿益信然矣盖宋氏自冶城君種德流祉代有鴻碩邃學卓節德業文章有若卿溪新淵省庵啞軒立朝靡㠜居家孝友有若松磵龍溪晩悔梅軒迄及苗裔亦以文行匆替引之允爲山南名族嗚呼冶城君之厚蔭篤生卿溪先生之賢而大其家先生之遺敎推及伯仲之後裔而世其業如長川巨流派派益淸瑣林王樹枝枝相承豈不猗歟休哉盍此世稿之規沿上而有刊行文集則拾其遺漏沿下而有富完稍麗則採其精核凡八九世志行具載其中至若棠川之訥翁行狀山淸之兩世忠孝亦爲隨昭穆並附盖出於祖先均視之意也噫宋氏之繩武不惟前乎八九世而爲然抑後乎千百世而可推誦其文讀其狀自然有興起感發者矣世稿之作烏可已乎編旣成求余文者卿溪之孫浚弼晩悔之孫鴻陸也追念世分不揆僭妄敢書此歸之玉山張福樞謹序

「야성세고서冶城世稿序」

원기, 송세빈, 송인휴 등 4인은 송희규의 형제간 후예들이다. 송희규의 후손 송광정과 송광계, 송세필 등은 이미 앞에서 간략하게 언급하였으므로, 장복추가 언급한 이후에 배출된 이름난 학자와 일제강점기에 독립 운동을 한 인물 등 빠뜨릴 수 없는 후손들에 대해 간략히 살펴보도록 하겠다.

(1) 학자와 관료

집안에 잘 알려진 학자와 관료 중 송희규에 대해서는 앞서 상세히 서술하였거니와 송현, 송유경, 송광정, 송광계, 송시영, 송세필 등에 대해서도 관련 유적이 있을 때마다 간략하게 언급한 바 있다.

이들은 따로 문집을 출간하지는 못했으나, 송현이 남긴 시문은 「정자공유고正字公遺稿」란 이름으로, 송유경이 남긴 시문은 「성암유고省庵遺稿」란 이름으로, 송광정이 남긴 유고는 「송간유집松磵遺集」이란 이름으로, 송시영이 남긴 시문은 「사전일고砂田逸稿」란 이름으로, 송세필이 남긴 시문은 「단구유고丹邱遺稿」란 이름으로, 송현석의 시문은 「첨추공일고僉樞公逸稿」라는 이름으로 묶고는 전체 책의 제목을 『야성세고초冶城世稿抄』라 하여 출간하였다. 『야성세고초』는 송희규의 15대 종손 송기선의 주도로 1900년 목활자로 간행된 『야성세고』—송준필, 송홍룩 등이 사미헌 장복추의 서문을 받고, 1898년 송종술이 척암 김도화의 발문을 받았다.—에서 문집이 따로 없는 인물의 글만 뽑아 엮은 것이다.

19세기에 들어와 앞에서 송인각宋寅慤, 송인호宋寅濩 형제가 이끌고, 뒤에서 송준필宋浚弼, 송홍눌宋鴻訥이 꽃을 피워 집안의 명성을 크게 떨치게 되었다.

송인각宋寅慤(1827-1892)은 송희규의 9대 종손인 고정高亭 송지숙宋之淑의 셋째 아들 송응심宋應心의 증손이다. 자는 초수楚叟, 호는 거암蘧庵이다. 정재定齋 류치명柳致明을 사사하였고, 사미헌四未軒 장복추張福樞와 한주寒洲 이진상李震相, 서산西山 김흥락金興洛 등과 교유하였다.

송인호宋寅濩(1830-1889)는 송인각의 아우다. 자는 강수康叟, 호는 관악觀岳이다. 처삼촌인 응와 이원조를 좇아 배웠는데, 현실 정치에 매우 적극적인 관심을 가지고 있었다. 처남이 한주 이진상이고, 처조카가 대계 이승희였으므로 이들 부자와 주고받은 영향 또한 적지 않았던 것이다. 그가 지은 「척사소」는 서양의 세력에 대해 척화해야 한다는 주장을 담고 있고, 「삼정책」은 4,000자가 넘는 장문으로 당시 전부田賦, 군정軍政, 환곡還穀에 대해 상술하여 부국과 민생의 안정을 통해 서양 세력에 대항할 방안을 제시한 것이다.

거암蘧庵과 관악觀岳 형제는 평소 공부하거나 사람들을 만날 적에 우애가 남달라 훈수塤叟와 지수篪叟에 비기곤 하였는데, 문집을 낼 적에도 함께 엮어서 1936년에 『거관연방집蘧觀聯芳集』이라는 이름을 붙여 석판으로 간행하였다. 앞의 4권 2책이 「거암문집」이고, 뒤의 4권 2책이 「관악문집」이다. 서문은 송준필이 찬술하고, 발문은 송인각의 손자 송종술宋鍾述(1873-1942)이 서술하였다.

송준필宋浚弼(1869-1943)은 송희규의 15대 종손 암하巖下 송기선宋祺善의 둘째 아들로 태어나서, 숙부 송대선宋大善의 아들로 계후되었다. 자는 순좌舜佐, 호는 공산恭山이다. 18세 때인 1886년부터 사미헌四未軒 장복추張福樞(1815-1900)의 문하에서 배웠다. 30세 때에는 서산西山 김흥락金興洛(1827-1899)을 찾아가 배우기도 하는 등, 당시 영남의 석학들과 폭넓게 내왕하며 수학하였다. 그는 사미헌 장복추의 문인 가운데 학문적 성과와 도학적 성취가 가장 뛰어난 인물로 평가받는다. 1919년 유림의 독립청원 운동인 파리장서사건巴里長書事件에서 곽종석郭鍾錫, 장석영張錫英 등과 더

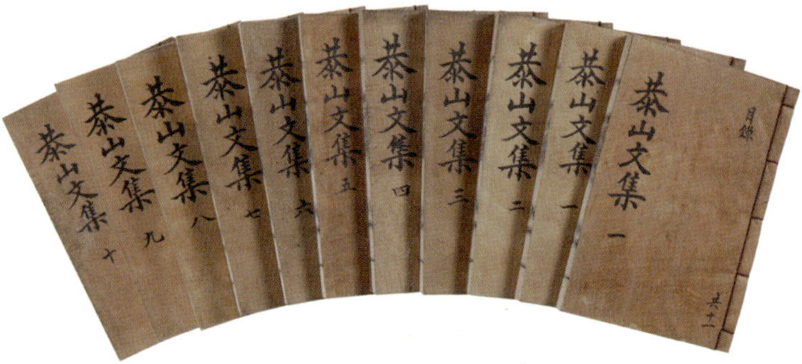

『공산집』(한국국학진흥원 제공)

『공산집』 목판(한국국학진흥원 제공)

불어 일을 주도함으로써 의리정신과 민족의식을 현실에서 바로 실천하기도 하였다.

그는 백세각에서 태어나고 자랐는데, 1915년에 이곳 고산리 백세각 옆에 고양서당高陽書堂을 건립하여 강학하다가, 1932년에는 김천 황악산 자락 부곡동에서 제자들과 함께 강학하였다. 지금은 그곳에 원계서원遠溪書院이 들어서서 유림이 거기서 그를 향사하고 있다. 고양서당은 1992년에 화재로 소실되어 지금은 없어졌고, 원계서원에는 당시 대통령 박정희가 '숭덕사崇德祠'라는 현판 글씨를 직접 써 준 것이 걸려 있다.

송준필의 성리설은 이황李滉의 이기호발설을 따른 장복추의 영향을 받았다. 그는 성리설의 학통에서 이상정李象靖을 정맥正脈으로 보았다. 이진상의 심즉리설心卽理說은 보통 사람의 마음이 아니라 성인의 마음을 가리킨 것이라 지적하고, 마음과 본성을 일치시켜 마음이 기질과 결합된 사실을 외면하는 것은 일치시킬 줄만 알고 분별하여 이해할 줄은 모르는 것이라 비판하였다. 전우田愚의 성존심비설性尊心卑說은 본성을 이理로 보아 존중하였다고 보지만, 마음을 본성과 상대시켜 비하한 것에 대해서는 인정하지 않았다. 이처럼 그는 당시에 성리학설이 '심즉리心卽理' 또는 '심즉기心卽氣'로 양극적 대립을 보이는 현실을 깊이 경계하면서, 두 주장의 부분적 타당성을 인정하여 통합할 것을 모색하였다.

이황은 『성학십도聖學十圖』 제6도에서 주자의 심통성정에 대한 학설을 진일보시켰는데, 송준필은 1937년 성주의 고양서당에서

숭양정사

숭양정사 현판

『심통성정삼도발휘心統性情三圖發揮』를 간행하였다. 여기서 그는 송대 성리설과 퇴계학통의 성리설을 정연히 체계화시키고 나아가 자신의 성리설을 정립하고 있다는 점에서, 20세기 초에 정리된 성리학설을 집약하였다고 평가받는다.

그 밖의 주요 저서로는 성리학에 관한 『대산서절요大山書節要』, 『사물잠집설四勿箴集說』 등이 있고, 예학에 관한 『육례수략六禮修略』이 있다. 또한 수양론 및 윤리서로는 『오선생휘언五先生徽言』, 『정학입문正學入門』이 있고, 역사서로는 『속속자치통감강목續續資治通鑑綱目』이 있으며, 문집으로는 『공산집恭山集』 20권 11책이 있다.

송홍눌宋鴻訥(1878-1944)은 송희규의 둘째 손자 송유신宋惟愼의 12대손이다. 자는 순형順衡, 호는 앙산仰山이다. 강학지소인 숭양정사崇陽精舍가 1937년에 건립되었다. 문집으로는 『앙산집』이 전한다.

(2) 독립 운동 유공자

독립 운동 유공자에 대하여 따로 항목을 정하여 언급하는 것은 야계 송희규 종가의 경우에는 특별한 의미가 있기 때문이다. 일반적으로 유림에서 독립 운동에 참여한 예를 보면 한 지역의 한 가문에 두세 사람 정도만 있다 해도 적지 않다고 말할 수 있다. 성주의 야성송씨 가문에서 모두 11인이 독립 운동에 적극적으로 참여했는데, 그 가운데 야계 송희규의 후손이 10인이었다. 파리장서에 서명한 인물이 3인이며, 서명한 인물보다 더 적극적으로 독립 운동에 참여한 인물이 이 집안에는 7인이 더 있다. 이것은 무엇 때문이었던가?

이는 1919년 4·2 성주 장날 만세 운동과 파리장서운동(137명의 유림 대표가 파리 만국평화회의에 장서를 보내 독립을 청원한 운동)을 주도한 장소가 바로 야계 송희규의 종가인 백세각이며, 이를 주도한 인물이 야계 송희규의 후손 공산 송준필이었기 때문이다. 송준필이 백세각에서 이 일을 주동한 일의 경과와 나중에 체포되어 복역한 사실 등이 그 아들 송인근宋仁根의 『유림운동실기儒林運動實記』에 일기체로 매우 상세하게 기록되어 전해지므로 누구도 부정할 수 없는 사실이다.

즉, 서울에서 이달필이 내려와 음력 2월 2일에 있었던 3·1 만세 운동 소식을 송준필에게 전하면서 유림의 분발을 촉구하자, 백세각에서 송준필의 주도 아래 송희규 후손 7인이 만세 운동과 파리평화회의에 편지를 보내어 호소하는 일에 적극 참여하기로 결정하였던 것이다. 그리고 이튿날 김창숙이 찾아오면서 파리장서의 참여가 전국 유림으로 확대되기에 이르렀다. 그러니 독립유공자로서의 송희규 후손 7인이 머리를 맞대고 숙연히 결의한 백세각은, 파리장서의 전국적 유림 참여를 이루어 낸 진원지라는 실로 중대한 의의가 있다고 할 것이다.

송희규 후손들의 독립 운동 참여 현황을 다음 쪽의 표와 같이 간단히 정리해 보았다. 11인 가운데 10인은 4·2 만세 운동과 파리장서 서명운동에 적극적으로 동참하였으나, 파리장서에 실제

백세각항일의적비

송인근의 『유림운동실기』에 근거한 야성송씨 독립 운동 유공자 명단

성명	생몰년	자	호	공훈 내용
宋浚弼	1869–1943	舜佐	恭山	4·2만세 파리장서 서명 징역1년6월 건국훈장애족장
宋鴻來	1876–1948	順翊	晦川	4·2만세 파리장서 서명 징역6월 건국포상
宋晦根	1877–1949	春汝	槐堂	4·2만세 파리장서 서명 징역1년 건국훈장애족장
宋圭善	1880–1948	玄伯	自光	4·2만세 파리장서 주도 징역1년6월 건국훈장애족장
宋勳翼	1885–1957	聖放	蓮庵	4·2만세 파리장서 동참 징역10월 건국훈장애족장
宋千欽	1888–1951			4·2만세 파리장서 동참 징역10월 건국훈장애족장
宋祐善	1894–1942	子受	歲寒齋	4·2만세 파리장서 동참 징역1년 건국훈장애족장
宋文根	1895–1964	會夫		4·2만세 파리장서 동참 징역10월 건국훈장애족장
宋寅輯	1896–1961	允和	海旅	4·2만세 파리장서 동참 징역10월 건국훈장애족장
宋壽根	1896–1969	康叔	隱圃	4·2만세 파리장서 동참 징역10월 건국훈장애족장
宋命根	1912–1971			군국주의타도격문살포 징역8월 건국훈장애족장

서명한 이는 3인밖에 되지 않아 훈장을 받은 내용만 보면 실상을 제대로 드러내지 못한다고 볼 수 있다. 10인 가운데 7인은 각처로 다니면서 서명받는 일을 주도하였으니, 파리장서 운동의 실질적인 공로자이다. 심산 김창숙 또한 서명은 하지 않았으니, 서명 유무만으로 공훈을 결정할 것이 아니라는 것을 알 수 있다.

(3) 종교인

원불교 2대 종사宗師 정산鼎山 송규宋奎(1900–1962)는 송홍욱宋鴻昱이 원불교로 들어가 소태산으로부터 받은 이름이다. 그는 송희규의 5대손인 단구 송세필의 9대손이다. 소태산을 이어 원불교의 2대 종사로 존경받고 있으며, 그가 탄생한 곳은 원불교의 성지가 되어 원불교도들의 순례처로 중시되고 있다. 정산 종사 송규는 원불교 도전을 확립하고 원광대학교를 설립하는 등 원

정산종사 송규

불교를 반석에 앉힌 공로가 있다.

송도성宋道性(1907-1966)은 송홍욱의 아우 송홍택宋鴻澤이다. 그가 원불교에 들어가서 소태산으로부터 받은 이름이 송도성이다. 원불교의 종법사宗法師다.

그 밖의 문과 급제자와 관료 및 학자는 다음 표와 같다.

송희규 후손 중 알려진 학자

이름	생몰년	호	사우	기타
光啓	1566-1615	龍溪	鄭逑	1601文科 光廷弟
煊	1666-1730	是無堂		時振長孫 孝子載星山誌
履鎬	1713-1758	市隱堂		主簿後孫 有遺集
能澤	1839-1917	雲叟		同知後孫 秘書監丞
鴻逵	1840-1894	中岳	柳疇睦 張福樞	應文二房玄孫
寅建	1892-1954	謙軒		龍溪後孫 有文集

제4장

각종 의례와 종손의 삶

1 각종 의례

1) 불천위 제사 진행 과정

야계 송희규 종가의 불천위 제사는 바로 야계 송희규와 그 부인 선산김씨의 기일에 지내는 제사를 말하는데, 날짜는 음력으로 4월 18일과 10월 23일이다. 2018년 음력 4월 18일은 양력으로 6월 1일이었다. 저녁 7시에 제사를 모신다기에 필자는 6시경에 도착하였다.

이날 제사에 참석한 송희규 후손은 종손을 포함하여 모두 17인이었다. 한복을 제대로 갖추어 입은 분이 여섯 분이고, 겉에만 도포를 입은 분이 일곱 분이며, 네 분은 한복을 갖추어 입지 못했다.

사정을 들어보니 2003년부터 기제사 모시는 절도가 많이 달라졌다고 한다. 그 전까지는 제사를 기일 자정에 진설하기 시작하여 새벽 1시경에 모셨으나, 제관이 차츰 줄어들고 다음 날 근무할 것을 배려하여 초저녁에 모시기로 하였다고 한다. 그래서 일몰 시간을 고려하여 4월 18일에 지내는 고위 제사는 저녁 7시에 모시기로 하였고, 10월 23일에 지내는 비위 제사는 저녁 6시에 모시기로 하였다. 한때는 55세가 되지 않은 사람은 불천위 기제사에 참석할 수 없을 만큼 제관이 많았는데, 지금은 아무리 독려해도 20인이 넘지 않는다고 한다. 더구나 제사 시기가 한창 참외가 나는 철이라 참외 농사를 짓는 후손은 이 불천위 기제사에 참석하기 더욱 어렵다.

복장 면에서도, 한복에 도포를 입고 유건이나 갓을 갖추어 착용하는 것이 가장 좋으나 형편이 되는 대로 정갈하게 차려 입고 참석한다면 대체로 별문제가 없다고 보고 있다. 모두 현대를 역동적으로 살아가는 사람들이기에 복장까지 강요할 일은 아니라고 보는 것이다. 꼭 한복을 입지 않더라도 단정한 옷차림이기만 하면 선조를 모시는 정성에 부족함이 있다고는 할 수 없을 것이다. 그렇지만 한복을 입었을 때 아무래도 분위기가 더 엄숙하고 조심스럽게 느껴진다는 점에서, 이날 집례를 맡은 분이 음복 때에 슬며시 한복 입기를 종용한 것이 일리가 있다는 생각도 든다.

초헌관은 전통적으로 주손이 맡아 왔지만, 아헌관을 주부가 맡아 한 적은 없다고 한다. 야계 송희규 종가에서는 여성이 불천

홀기

위 제사에 제관으로 참제하지 않고 참석한 후손 가운데 연세가 가장 높은 분이 아헌을 맡는다. 특별한 손님이 참석하면 종헌을 맡기지만 그렇지 않으면 종헌 역시 연치 순으로 맡는다. 집례와 축관 및 좌우 집사 등은 그날 참석한 제관 가운데 의논하여 정한다. 따로 집사분정기를 써서 붙이지는 않는다.

진설법은 『주자가례』와 대체로 같고 세부적인 것은 공산恭山 송준필宋浚弼이 정한 진설도를 따른다. 특이한 것은 조기나 명태 등 어물의 머리는 동쪽으로 향하게 하고, 닭고기 등 육류는 머리를 서쪽으로 향하도록 진설한다는 것이다.

(1) 진설陳設: 제사상을 차림

진설이 끝나고 저녁 7시가 되면 집례가 백세각百世閣의 남쪽 마루 끝에 자리를 잡고 창홀唱笏을 한다. 이 자리에서 하는 이유는 제관들의 움직임을 한눈에 볼 수 있고, 사당이 가까이 있어 육성으로도 충분히 알아들을 수 있기 때문이다.

(2) 출주出主: 신주를 모셔 냄

먼저 주인 이하 집사자執事者가 함께 사당에 들어간다. 축관이 사유를 아뢰고 주인이 신주를 모신 독을 받들고 나와 백세각 안채 제청 마루의 교의交椅에 모신다. 사당에서 신주를 모셔 낼 적에 아뢰는 내용은 다음과 같다.

> 20대손 만수가 오늘 휼륭하신 20대조 증 자헌대부 이조판서 충숙공 부군의 기일이기에 감히 20대조 할아버님과 할머님의 신주를 정침으로 모시고 나가서 공경히 추모하는 마음을 펼치고자 합니다.

신주가 모셔진 교의 앞 제상에는 온갖 제수와 술잔, 시저 등이 법식에 따라 정갈히 차려져 있고, 그 앞쪽에 향안, 향로, 향합, 모사, 강신을 위한 잔반, 퇴줏그릇 등과 헌관이 올릴 세 종류의 적炙이 준비되어 있다. 집례는 오른쪽 끝에 서서 창홀을 하고, 헌관 이하 참제자들은 제상 쪽 앞줄 왼쪽에서부터 연치 순으로 자리를 잡고 선다.

진설

출주

(3) 참신參神: 참제자가 신에게 인사를 올림

축관이 독을 열어 신주가 정면으로 보이도록 하면 초헌관 이하 모든 참제자가 재배한다.

(4) 분향焚香, 강신降神: 향을 사르고 신을 강림케 함

초헌관이 분향과 강신을 하고 난 뒤에 재배한다. 그 다음 집사자가 어육, 메밥, 국수와 국을 제상에 올린다.

(5) 초헌初獻, 독축讀祝: 첫 번째 잔을 올리고 축문을 읽음

초헌관이 향안 앞에 꿇어앉아 고위와 비위에게 헌작하고, 도적을 바친다. 집사자가 밥그릇의 뚜껑을 연다.

축관이 축판에서 축문을 취하여 초헌관의 좌측에서 동향으로 꿇어앉아 축문을 읽는다. 축문의 내용은 다음과 같다.

> 유세차 무술년 4월 18일 갑자에 20대손 만수가 훌륭하신 20대조고 증자헌대부 이조판서 충숙공 부군과 훌륭하신 20대조비 증 정경부인 선산김씨께 감히 밝게 고하옵니다. 세월이 변천하고 바뀌어 훌륭하신 20대조고의 기일이 다시 돌아왔습니다. 멀리 추모하며 세월의 변천에 느끼어 길이 사모하는 마음을 이기지 못하겠습니다. 이에 맑은 술과 두어 가지 음식을 공손히 차려서 바치옵니다. 흠향하시기 바라옵니다.

축관이 축문을 읽는 동안 참제자는 모두 경건하게 국궁하고 있다. 독축이 끝나면 초헌관이 재배하고 복위한다. 봉작이 퇴줏그릇에 퇴주하고 잔을 제자리에 둔다.

분향

독축

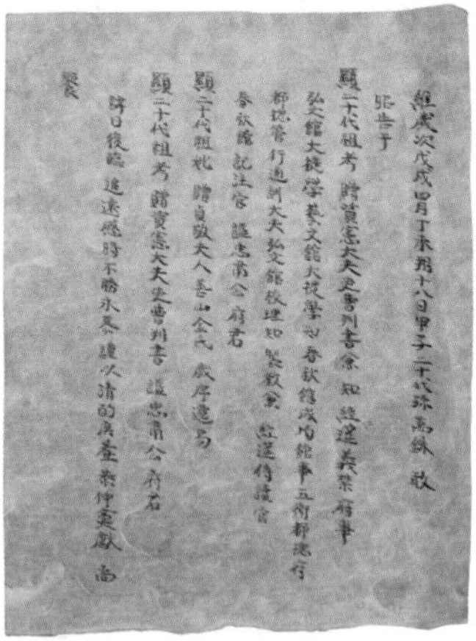

축문

(6) 아헌亞獻: 두 번째 잔을 올림

아헌관이 향안 전에 꿇어앉아 고위와 비위에게 헌작하고 어적을 바친다. 재배하고 복위한다. 봉작이 퇴주한다.

(7) 종헌終獻: 마지막 잔을 올림

종헌관이 향안 전에 꿇어앉아 고위와 비위에게 헌작하고 치적을 바친다. 재배 후 복위한다.

(8) 첨작添酌: 마지막 잔에 술을 첨가하여 따름

초헌관이 주전자를 가지고 고위와 비위의 잔에 가득 첨주하고 재배 후 복위한다.

유식

진다

(9) 유식侑食: 신이 음식을 흠향함

집사자가 밥그릇에 숟가락을 꽂는다. 숟가락 자루는 서쪽을 향하도록 한다. 젓가락을 움직여 정돈한다. 축관이 제상 앞에 병풍을 친다. 초헌관 이하는 부복한 채 흠향하기를 기다린다. 대략 아홉 숟가락을 떠 잡숫는 시간을 기준으로 한다.

(10) 진다進茶: 숭늉을 올림

축관이 기침을 세 차례 한 뒤에 제상 앞의 병풍을 거둔다. 부복한 참제자들은 모두 일어난다. 집사자가 국을 거두어 나가서 숭늉을 가져온다. 숟가락을 숭늉에 내려놓고 밥뚜껑을 닫는다. 숭늉을 자실 동안 초헌관 이하는 모두 잠시 기다린다.

(11) 이성利成: 신이 흠향을 다하였음

집사자가 수저를 접시에 내려놓는다.

축관이 초헌관의 좌측에 서서 동쪽을 향하여 이성利成을 고한다.

(12) 사신辭神: 신에게 이별의 인사를 올림

참제자가 모두 재배하여 사신辭神을 행한다.

이어서 집사자가 퇴주하고, 축관은 축문을 태운다.

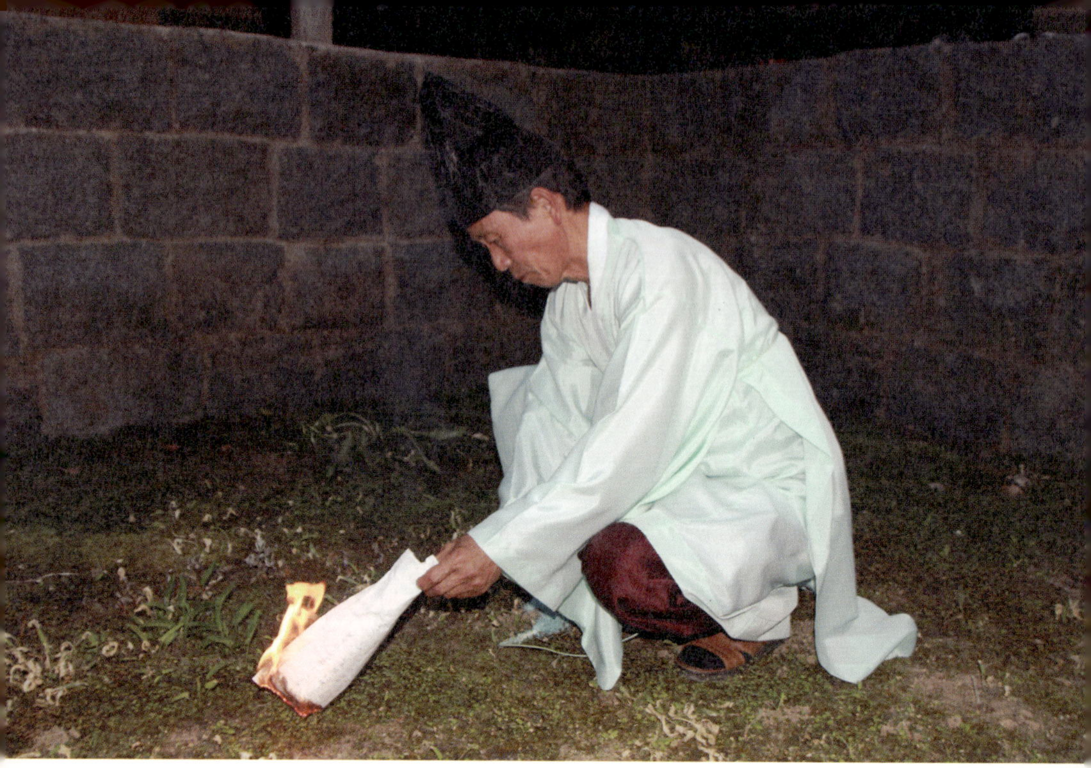

분축

(13) 입주入主(납주納主): 신주를 사당에 들임

초헌관이 신주 독을 수습하여 받들고 사당으로 들어가 원래의 자리에 모셔 둔다.

(14) 철찬撤饌: 음식을 거두어들임

집사자가 음식을 거두어들인다.

(15) 음복飮福: 신이 흠향한 음식을 참제자들이 나누어 먹음

참제자가 모두 모여 제사 음식을 맛본다.

2) 불천위 제사 제수의 종류

① 반飯: 메를 말한다. 밥그릇에 수북하게 담아 뚜껑을 덮는다.

② 갱羹: 국을 말한다.

③ 숙수熟水: 숭늉을 말한다.

④ 면식麵食: 국수를 말한다.

⑤ 미식米食: 떡을 말한다. 편䭏이나 병餠으로도 부른다.

⑥ 탕湯: 탕은 찌개를 말하는데, 대체로 육탕, 어탕, 소탕 등 세 종류의 탕을 쓴다. 모든 탕은 끓인 후 건더기만 그릇에 담아 덮개를 덮는다. 육탕은 쇠고기나 돼지고기를 말하고, 어탕은 생선을 말하며, 소탕은 채소나 두부 등으로 만든다.

⑦ 전煎: 부침개를 말한다. 채소전, 육전, 어전 등을 쓴다.

⑧ 적炙: 구이를 말한다. 도적, 어적, 치적을 쓴다. 도적은 각종 전을 밑에 괴고 그 위에 돼지고기나 쇠고기 구이를 올린 것이며, 제상에 미리 진설하지 않고 제상 아래에 두었다가 초헌관이 헌작한 뒤에 바친다. 어적은 생선 구이다. 주로 조기를 구워 쓰되 머리가 동쪽으로 가도록 하며, 이는 아헌관이 헌작한 뒤에 바치는 것이다. 치적은 꿩고기를 사용했지만 요즈음은 닭고기로 대신한다. 머리를 서쪽으로 가도록 하며, 이는 종헌관이 헌작한 뒤에 바치는 것이다.

⑨ 대육大肉: 돼지머리 눌린 것을 주로 사용한다.

⑩ 대어大魚: 고래고기, 상어고기, 문어 등을 주로 사용한다.

⑪ 포脯: 말린 고기를 말한다. 쇠고기 육포肉脯를 사용한다.

적

⑫ 좌반佐飯: 조기를 주로 쓴다.

⑬ 건어乾魚: 대구포, 명태포, 문어포를 사용한다.

⑭ 숙채熟菜: 익힌 나물을 말한다. 도라지, 고사리, 콩나물, 무나물 등을 사용한다.

⑮ 초채醋菜: 시금치 등과 같이 식초에 무친 나물을 말한다.

⑯ 침채沈菜: 물김치나 나박김치 등을 말한다.

⑰ 청장淸醬: 맑은 간장을 말한다.

⑱ 실과實果: 과일을 말한다. 접시 수는 짝수로 한다. 대추, 밤, 감, 배 등의 기본 4과果를 서쪽부터 진설하고, 그 외에

목과木果(나무 과일), 만과蔓果(덩굴과일), 초과草果(일년생 풀에 달린 과일), 조과造菓(손으로 만든 과자)의 순서로 진설한다.

3) 기제사 및 명절 제사

야계 송희규 종가에서는 송희규 내외의 불천위 제사를 제외하고도 4대에 걸친 아홉 어른의 기제사를 모신다. 그리고 설·추석에 지내는 명절 제사도 있다. 10월에 지내는 직계 20대의 묘사를 제외하고도 집에서 지내는 제사가 1년에 13차례나 된다.

11차례의 기제사와 2차례의 명절 제사 가운데 불천위 기제사를 제외하고는 모두 대구의 사가에서 지낸다.

4대 신주의 표제와 방제 및 기일을 정리한 것이 다음의 표다.

지금 종손의 조상 4대 신주 표제

층칭	신주 표제	신주 방제	기일	비고
고조부	顯高祖考學生府君神主	孝玄孫萬鉄奉祀	6월 17일	號 公岑
고조모	顯高祖妣孺人坡平尹氏神主	孝玄孫萬鉄奉祀	3월 26일	
증조부	顯曾祖考從仕郎法部主事府君神主	孝曾孫萬鉄奉祀	3월 18일	號 槐堂
증조모	顯曾祖妣端人晉陽姜氏神主	孝曾孫萬鉄奉祀	11월 28일	
조부	顯祖考學生府君神主	孝孫萬鉄奉祀	3월 19일	號 一星
조모	顯祖妣孺人廣州李氏神主	孝孫萬鉄奉祀	5월 23일	
조모	顯祖妣孺人星州都氏神主	孝孫萬鉄奉祀	12월 17일	
부	顯考學生府君神主	孝子萬鉄奉祀	4월 19일	
모	顯妣孺人義城金氏神主	孝子萬鉄奉祀	11월 7일	

4) 제사에서의 특징과 유의할 일

앞에서 살펴본 것처럼 종손의 1년 일과는 제사에서 시작하여 제사로 끝난다고 볼 수 있다. 야계 송희규 종가에서 지내는 제사가 다른 집안과 크게 다를 것이 없는 것은 대체로 조선시대 이래 유가에서는 주자의『가례』에 근거하여 제사를 지내 왔기 때문이다. 집집마다 조금씩의 차이가 있지만, 이는 어쩌면 이야기할 필요가 없는지도 모른다. 근본적인 차이는 아니기 때문이다.

그러나 야계 송희규 종가의 기제사에서 특기할 만한 것은 초헌관과 아헌관과 종헌관이 술을 드린 뒤에 각각 도적, 어적, 치적을 따로 바친다는 점이다. 술을 마시면서 안주로 할 음식을 드린다는 뜻으로 보인다. 그리고 한 가지『가례』와 다른 특이한 점은 아헌을 주부에게 맡기지 않는다는 것이다.『가례』에는 주부가 아헌을 하도록 명시되어 있으나, 극히 일부를 제외하고는 우리나라 대부분의 가문에서는 아헌을 주부에게 맡기지 않고 있다. 이는 집안의 남자들이 다 모여 있는 곳에 부인만 따로 나와서 절을 하기가 여러모로 불편하기 때문인지도 모른다. 그러나 이것이 대체로 부인을 배려하지 않은 행동으로 이해되기 쉽다는 점을 상기할 필요가 있을 듯하다. 여성들의 제사 참여를 유도할 수 있다는 점에서도 주부의 아헌은 분명히 중요한 의의가 있을 것이다.

한 가지 더 특징을 꼽자면 축문을 읽을 때 축관을 제외한 모든 참제자는 국궁하고 있으며, 유식할 때의 모든 참제자는 부복을 한 채로 기다린다는 점을 들 수 있겠다. 집안에 따라서는 축관과 같이 모두 부복한 상태로 독축하는 소리를 듣거나 국궁한 채로 유식하기도 한다는 점에서, 이는 약간의 차이점이라 할 수 있다.

모든 제사에 홀기를 부르면서 진행하면 엄숙하게 진행할 수 있다는 장점이 있으므로 창홀은 일반 기제사에서도 권장할 만하다. 신주를 모시지 않을 경우에는 상황에 맞추어 간략화하면 될 것이다.

복장은 한복을 갖추어 입는 것이 조상에게 예의를 갖추는 한 가지 좋은 방법이라 할 것이다. 그러나 누구나 다 한복을 가지고 있는 것은 아니니 이를 강요할 필요는 없을 것이다. 깨끗한 옷을 갖추어 입고 단정한 모습으로 엄숙하게 참여한다면 한복이 아니라도 문제가 되지 않을 것이다. 제수 장만에 대해서는 공산 송준필이 자신의 조카인 종손에게 남긴 글이 있으니 더 말할 것이 없지만, 역시 제사에는 성의가 중요하다는 말 한마디가 무엇보다 중요할 것이다.

5) 송준필이 종손에게 당부한 「제론」

종가를 유지하는 데에는 제사가 가장 중요하다고 생각하여, 송희규의 16대손이자 근래의 큰선비였던 공산恭山 송준필宋浚弼은 자신의 생가 조카인 종손 송회근宋晦根에게 「제론祭論」이란 글을 남겨 제사에 특별히 유념할 것을 당부하였다.

다음은 바로 그 제론을 번역한 것이다. 원문도 띄어쓰기를 하여 뒤에 붙여 두었다.

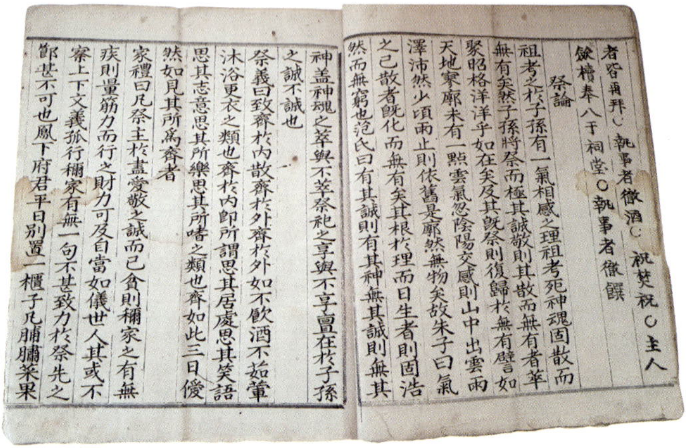

者皆再拜○執事者徹酒○祝焚祝○主人
斂櫝奉入于祠堂○執事者徹饌

祭論

祖考之於子孫有一氣相感之理祖考死神魂固散而
無有矣然子孫將祭而極其誠敬則其散而無有者萃
聚昭格洋洋乎如在矣及其旣祭則復歸於無有譬如
天地寥廓未有一點雲氣忽陰陽交感則山中出雲雨
澤沛然少頃雨止則依舊是廓然無物矣故朱子曰氣
之已散者旣化而無有矣其根於理而日生者則固浩
然而無窮也范氏曰有其誠則有其神無其誠則無其
神盖神魂之萃與不萃祭祀之享與不享亶在於子孫
之誠不誠也

祭義曰致齊於內散齊於外齊於外如不飮酒不茹葷
沐浴更衣之類也齊於內卽所謂思其居處思其笑語
思其志意思其所樂思其所嗜之類也齊如此三日僾
然如見其所爲齊者

家禮曰凡祭主於盡愛敬之誠而已貧則稱家之有無
疾則量筋力而行之財力可及自當如儀世人其或不
察上下文義孤行稱家有無一句不甚致力於祭先之
節甚不可也鳳下府君平日別置一櫃子凡脯膾菜果

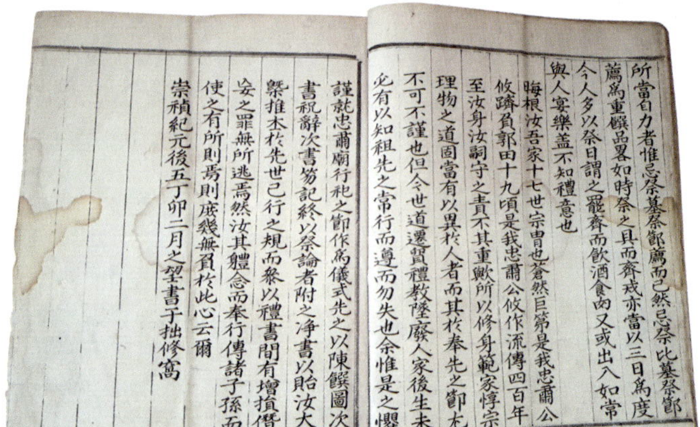

所當自力者惟忌祭墓祭節薦而已然忌祭比墓祭節
薦爲重饌品畧如時祭之具而齊戒亦當以三日爲度
今人多以祭日謂之罷齋而飮酒食肉又或出入如常
與人宴樂盖不知禮意也

晦根汝吾家十七世宗胄也蒼然巨第是我忠肅公
攸躋負郭田十九頃是我忠肅公攸作流傳四百年
至汝身汝嗣守之責不其重歟所以修身範家惇宗
理物之道固當有以異於人者而其於奉先之節尤
不可不謹也但今世道遷貿禮教隆廢人家後生未
必有以知祖先之常行而遵而勿失也余惟是之懼
謹就忠肅廟行祀之節作爲儀式先之以陳饌圖次
書祝辭次書笏記終以祭論者附之淨書以貽汝大
槩推本於先世已行之規而參以禮書間有增損僭
妄之罪無所逃焉然汝其體念而奉行傳諸子孫而
使之有所則焉則庶幾無負於此心云爾

崇禎紀元後五丁卯二月之望書于拙修窩

「제론」

조상은 자손과 한 기운으로 느낌이 서로 통하는 이치가 있지만, 조상이 돌아가시고 나면 신과 혼이 진실로 흩어져 아무것도 없게 된다. 그러나 자손이 장차 제사를 지냄에 그 정성과 공경을 지극히 하면 없어진 신과 혼이 모여 밝게 이르러 뚜렷이 계시는 듯하고, 그 제사를 마침에 미쳐서 없는 상태로 다시 돌아간다. 비유컨대 넓고 텅 빈 천지에 한 점의 구름 기운도 없지만 홀연히 음양이 교감하면 산중에 구름이 일어나 많은 비가 내렸다가, 조금 지나 비가 그치면 전과 같이 아무것도 없이 텅 비게 되는 것과 같다. 그러므로 주자朱子가 말씀하시기를 "기가 이미 흩어진 것은 변화해서 없지만 그 이치에 근본해서 나날이 살아가는 것은 진실로 넓고 무궁하다."라고 하였고, 범조우范祖禹가 말하기를 "그 정성이 있으면 그 신이 있고, 그 정성이 없으면 그 신이 없다."라고 하였다. 대개 신과 혼이 모이고 모이지 않음과 제사에서 흠향하고 흠향하지 않음은 진실로 자손이 정성스럽게 하느냐 정성스럽게 하지 않느냐에 달려 있다.[祖考之於子孫 有一氣相感之理 祖考死 神魂固散而無有矣 然子孫將祭而極其誠敬 則其散而無有者 萃聚昭格 洋洋乎如在矣 及其旣祭則復歸於無有 譬如天地寥廓 未有一點雲氣 忽陰陽交感 則山中出雲雨澤沛然 少頃雨止則依舊 是廓然無物矣 故朱子曰 氣之已散者 旣化而無有矣 其根於理而日生者 則固浩然而無窮 范氏曰 有其誠則有其神 無其誠則無其神 蓋神魂之萃與不萃 祭祀之享與不享 亶在於子孫之誠不誠也]

『예기』「제의祭義」에서 말하기를 "안에서는 치재致齊하고 밖에서는 산재散齊한다."라고 하니, 집 밖에서 재계한다 함은 술을 마시지 않는 것과 맵고 냄새나는 채소를 먹지 않는 것과 목욕하고 옷을 갈아입는 것들이다. 집안에서 재계한다 함은 곧 이른바 그 거처하신 곳을 생각하며, 웃고 말씀하신 바를 생각하며, 뜻하신 바를 생각하며, 좋아하셨던 바를 생각하며, 즐기시던 바를 생각하는 것이다. 삼 일 동안 재계를 이와 같이 하면 어렴풋이 그 조상이 보이는 듯할 것이다.[祭義曰 致齊於内 散齊於外 齊於外 如不飮酒 不茹葷 沐浴更衣之類也 齊於内 卽所謂思其居處 思其笑語 思其志意 思其所樂 思其所耆之類也 齊如此三日 僾然如見其所爲齊者]

『가례家禮』에 이르기를 "무릇 제사에는 사랑하고 공경하는 정성을 다하는 것을 위주로 할 따름이다. 가난하면 집안의 형편에 맞게 하고, 병이 있으면 체력을 헤아려서 행한다. 재물과 능력이 미치면 스스로 마땅히 정해진 의식대로 해야 한다."라고 하였다. 세상 사람들이 혹 상하 글의 뜻을 살피지 않고 '집안의 형편에 맞게 한다.'는 한 구절만 행하여 심히 선조를 제사지내는 데 힘을 다하지 않으니, 이는 매우 옳지 않다.[家禮曰 凡祭 主於盡愛敬之誠而已 貧則稱家之有無 疾則量筋力行之 財力可及 自當如儀 世人 其或不察上下文義 孤行稱家有無一句 不甚致力於祭先之節 甚不可也]

봉하鳳下 부군[鴻翼]은 평소 궤짝 하나를 별도로 두어 말린 고기와 건어·채소·과일 등 제사에 사용할 수 있는 것이면 반드시 손수 봉해 두셨다. 다른 사람들이 산이나 바다에서 나는 것들을 보내오면 반드시 볕에 말려서 보관을 했으니 이로써 집안이 심하게 가난했으나 제사의 풍성함은 따를 자가 드물었으니, 이는 자손이 마땅히 본받아야 할 점이다.[鳳下府君 平日別置一櫃子 脯鱐菜果 可用以祭者 必手自封置 人有饋遺其山海之族生者 必曝而藏之 是以家貧甚 而祭祀之豊 鮮有及之者 此子孫所當法也]

『예기禮記』에 이르기를 "부모가 이미 돌아가셨다면 반드시 어진 사람들의 곡식으로 제사 지내라."라고 하였는데, 그 주석에 "아무리 빈곤하더라도 나쁜 사람의 물건을 취하여 돌아가신 어버이를 섬기지 말라는 말이다."라고 하였다. 오늘날 혹 제수를 미리 갖추어 준비해 두지 않아 창졸간에 필요한 것을 마련하기 위해 다른 사람의 돈을 빌렸다가 제때에 돈을 갚지 못하면 비방의 말이 낭자하다. 이와 같으면 비록 바다나 땅에서 나는 것들을 다 올려 제사지내더라도 이 또한 악인의 물건이니, 간절히 이를 마땅히 경계해야 한다.[禮記曰 父母旣沒 必求仁人之粟 以祀之 註 貧困猶不取惡人物 以事亡親 今或祭需不能前期措備 倉卒要辦 引貸他人之金 報不及時 謗言狼藉 如此則 雖盡水陸以祭之 其亦惡人之物也 切宜戒之]

제사 하루 전날 새벽에 일어나 사당에 배례拜禮하고 사당 안팎과 대문 안팎에 물 뿌려 쓸고, 그릇과 제상을 씻고 닦아 힘써 정결하게 한다. 온 집안을 편안하고 조용하게 해야 하니, 떠들거나 성내고 원망하는 말을 해서는 안 된다. 대개 뜰과 집이 깨끗하지 않으면 집안이 어지럽고 시끄러우니, 이는 정성스러운 마음을 길러 신과 교감하는 도리가 아니다.[祭前一日 晨起拜廟 令內外灑掃室堂及門內外 滌拭器皿床卓 務令蠲潔 一家安靜 不可有喧譁怒詈之言 蓋庭户不淨 家室紛聒 非所以養誠心交神之道也]

제사에 음식을 마련하는 것은 그로써 귀신에게 흠향케 하려는 것이니, 만약 불결하다면 귀신이 어찌 흠향하시려 하겠는가. 옛날 사람들은 제삿날에 주부主婦 이하 모두 종이로 입을 봉했다 하나 이는 오늘날 본받아서 법으로 삼을 수는 없다. 다만 거듭 부녀자와 여러 집사들을 경계하여, 의복을 깨끗이 하고 제수를 삼가 갖추어, 국 한 그릇 밥 한 그릇 안주 하나 고기 하나에도 모두 스스로 그 정성을 극진히 하여, 만약 여름철이면 마련한 음식을 찬물로 시원하게 하고 부채로 파리를 막아 혹시라도 상할 원인이 없도록 하며, 겨울철에는 화로에 숯불을 따뜻하게 피워 지극히 뜨겁게 하는 등 『가례』에서 말한 바와 같이 해야 한다.[祭之有饌 所以享鬼神也 若有不潔之端 鬼神豈肯享之乎 古人有以祭日 主婦以下皆以紙糊口 此則今不可效以爲法 但申戒婦女諸執事 明潔衣服 謹具饌品 一羹一飯一肴一胾 皆自盡其誠 若當暑月則以水承饌 以扇止蚋 無或有臭敗之端 冬月則炭爐炊煖 皆令極熱 如家禮所云也]

옛사람들은 제사에 대갱大羹과 현주玄酒를 사용했는데 오직 옛것을 숭상해서 그런 것만은 아니다. 귀신은 기운을 먹으니 산 사람이 속된 맛을 즐기는 것과는 같지 않다. 그러므로 신과 교감할 적에 맛은 마땅히 담백한 것을 숭상하고 그릇도 마땅히 숫자를 맞추어야 하니, 속된 음식을 잡스럽게 진설하고 그릇 수가 많은 것을 귀하다고 여기는 것은, 아마도 신을 섬기는 도리가 아닌 듯하다.[古人之祭 用大羹玄酒 非惟尙古而然也 鬼神食氣 不似生人之嗜褻味 故其交之也 味宜尙淡 器宜有數 若雜陳俗味而以多爲貴者 恐非事神之道也]

사시제四時祭는 제사 중에 큰 제사이나 힘이 모자라서 제사를 거행하지 못하고 있으니 항상 한스럽게 생각한다. 오늘날 스스로 마땅히 힘써야 할 것은 오직 기제사와 묘사와 명절 제사뿐이다. 그러나 기제사는 묘사와 명절 제사에 비해서 중요하니, 제수용품은 대략 사시제 때에 갖추는 것과 같이 하고, 재계 또한 마땅히 삼 일을 법도로 삼아야 한다. 오늘날 많은 사람들이 제사 지내는 날을 파재罷齋라 말하고 술을 마시고 고기를 먹으며, 또 혹 평상시와 같이 출입하고 남의 잔치에 참여하니 이는 대체로 예의의 본뜻을 알지 못하는 것이다.[時祭 祭之大者 而坐力綿未之擧行 尋常以爲恨 今日所當自力者 惟忌祭墓祭節薦而已 然忌祭 比墓祭節薦爲重 饌品 略如時祭之具 而齋戒亦當以三日爲度 今人多以忌日謂之罷齋 而飮酒食肉 又或出入如常 與人宴樂 蓋不知禮意也]

회근晦根아, 너는 우리 가문의 17세 종손이다. 고색창연한 큰 집은 우리 충숙공忠肅公이 거처하셨던 집이고, 기름진 땅 19경은 바로 우리 충숙공이 농사지으시던 땅으로 사백 년을 남겨 전하여 너에게 이르렀으니, 네가 이어서 지킬 책임이 중하지 않겠는가! 몸을 닦고 집안을 법도 있게 하며 종족과 돈독하게 지내고 남을 다스리는 도가 진실로 마땅히 보통 사람들과 달라야 하며 조상을 받드는 예절은 더욱 삼가지 않으면 안 된다. 다만 오늘날 세상의 도가 바뀌고 예의와 교화가 떨어지고 피폐해, 집안의 후손들이 반드시 모두 선조의 평소 행실을 알고서 준수하여 실추시키지 않을 수는 없을 것이다.[晦根 汝吾家十七世宗胄也 蒼然巨第 是我忠肅公攸躋 負郭田十九頃 是我忠肅公攸作 遺傳四百年至汝身 汝嗣守之責 不其重歟 所以修身範家敦宗理物之道 固當有以異於人者 而其於奉先之節 尤不可不謹也 但今世道遷貿 禮敎墜廢 人家後生未必有以知祖先之常行 而遵而勿失也]

내가 오직 이것이 두려워 삼가 충숙공 사당에 나아가 제사 지내는 절도를 만들어 의식의 법도로 삼는다. 진찬도陳饌圖를 맨 앞에 두고 다음에 축사祝辭를 쓰고 다음에 홀기를 쓰고 마지막으로 제론祭論을 첨부하여 깨끗이 적어서 너에게 준다. 대개 선세로부터 이미 행한 규범에 미루어 근본하고, 예서禮書를 참고하여 간혹 더하거나 빼기도 하였으니, 참람하고 망령된 죄를 피할 곳이 없다. 그러나 네가 몸으로 익혀 생각하고, 받들어 행하여 자손에게 전해서, 그들로 하여금 법으로 삼을 바가 있게 한다면 아마 거의 나의 이 마음을 저버리지 않게 될 것이다.[余惟是之懼謹就忠肅廟 行祀之節 作爲儀式 先之以陳饌圖 次書祝辭 次書笏記 終以祭論者附之淨書以貽汝 大概推本於先世已行之規 而參以禮書 間有增損 僭妄之罪 無所逃焉 然汝其體念而奉行 傳諸子孫 而使之有所則焉 則庶幾無負於此心云爾]

승정崇禎 기원 후 다섯째 정묘년(1927) 2월 15일에 졸수와拙修窩에서 쓰다.
[崇禎紀元後五丁卯二月之望 書于拙修窩]

이 기록은 공산 송준필이 59세 되던 해에 종손인 자신의 조카에게 직접 써 주어 봉제사에 특별히 유념할 것을 당부한 말이다. 야계 송희규 종가의 제사와 관련지어 특별히 언급할 만한 것이라 생각하여 여기 실어 두었지만, 제사 지내는 사람이라면 누구나 생각해 볼 만한 이야기가 아닐까 한다. 앞으로 종손으로서의 역할을 맡아야 할 사람에게도 이것은 하나의 표준이 될 것이며, 적의適宜히 참작함은 각자의 마음에 달려 있으리라.

2 종손의 삶

1) '종손宗孫'이라는 용어에 대하여

'종손宗孫'은 원래 동족의 손자들을 가리키는 용어다. 동족의 할아버지를 종조宗祖, 동족의 아저씨를 종숙宗叔, 동족의 조카를 종질宗姪이라고 일컬었듯 동족의 손자를 지칭하는 말로 쓰였으니, 족조族祖, 족숙族叔, 족질族姪, 족손族孫이란 말과 같은 형태로 쓰이던 용어다. 그런데 오늘날 우리나라에서는 대체로 불천위 제사를 받드는 집안의 적장자를 가리키는 용어로 쓰이게 되었다. 이를 예전의 기록을 통해 그 근거를 살펴보면 다음과 같다.

먼저 『예기禮記』「내칙內則」에서 말했고, 이를 『소학小學』「명륜明倫」에서 인용한 내용이다.

적자嫡子와 서자庶子는 종자宗子와 종부宗婦를 공경히 섬겨야 한다. 적자와 서자가 비록 부귀하더라도 감히 부귀함을 앞세워 종자의 집에 들어가지 못한다. 비록 많은 수레와 따르는 자가 있더라도 밖에 두고 가벼운 차림으로 들어가야 한다. 감히 부귀함을 앞세워 부형과 종족 앞에서 젠체해서는 안 된다.

또 『시경詩經』 대아大雅 「판板」에서는 다음과 같이 노래하였다.

덕을 품고 있으면 편안하리니, 懷德維寧
종자宗子는 성곽과 같으니라. 宗子維城
성이 무너지지 않도록 하며, 毋俾城壞
홀로 두려워함이 없게 하라. 毋獨斯畏

여기서 보듯이 오늘날 우리가 아는 종손의 개념에 해당하는 말을 역대로 '종자宗子'라는 용어로 표현하고 있다. 종손이란 용어에 대해서 오늘날 중국 측 기록을 종합하면 다음과 같다.

종손은 동족의 손자를 말한다. 그런데 한국에서는 전통적 가족 관계의 호칭으로 사용한다. 종손은 전통 가족의 정신과 지위를 수호할 책임을 지며 영원히 계승되는 것이다. 한국의 종가는 여러 세대에 걸쳐 이루어진 대가족이라야 종가라 일컬을 수 있으며, 그 종가의 조상은 국가를 위해 일정한 공헌을 한 사람으로서, 국가에서 책봉하거나 시호를 내려 준 명망 있는 집안을 말한다. 귀족 가정 출신의 직계 장손을 종손이라 하고 종손의 아내를 종부라 한다.

중국에서는 종손을 이런 개념으로 쓰지 않는데 한국에서는 특별히 쓰인다는 것이니, 종손이란 우리나라에서만 쓰는 독특한 용어인 셈이다. 우리나라의 여러 문집을 검색해 본 결과, 이와 같은 뜻으로 쓰인 용례를 동춘당同春堂 송준길宋浚吉, 명재明齋 윤증尹拯, 고산孤山 윤선도尹善道, 성호星湖 이익李瀷, 대산大山 이상정李象靖 등의 문집에서 확인할 수 있었다. 그러나 종자宗子, 총자冢子, 총손冢孫 등의 용어를 사용한 것이 훨씬 더 일반적이었다. 종손이란 용어는 대체로 조선 말기 이후부터 중국과는 달리 대대로 적장자로 이어 오는 인물을 가리키는 용어로 보편화되어 쓰이기 시작한 것이다.

2) 종가의 형성과 책무

종손이라는 개념이 한국 사회에서 이처럼 쓰이게 되었다면, 종가의 형성은 우선 불천위 제사를 받을 만한 인물이 배출되는 것이 그 출발점이라 하겠다. 그런 뒤에는 그 적장자를 이어 가는 인물이 종손이 되고, 그들이 종가를 맡아서 종가의 품격에 맞는 언어와 행동을 계승하고 유지하고 나아가 발전시켜 왔던 것이다.

야계 송희규의 경우, 그 아버지가 셋째아들이고 그 자신도 셋째아들이었지만, 스스로 문과에 급제하여 사후에 이조판서에 증직되고 충숙공忠肅公이라는 시호를 받아 불천위 제사를 받는 인물이 되었으므로 그로부터 종통이 이어질 수 있었던 것이다.

그렇다면 종손의 책무는 무엇이라 할 수 있을까?

무엇보다 중요한 것은 봉제사奉祭祀와 접빈객接賓客이다. 예전에는 제사의 종류가 지금보다 많았지만, 오늘날 일반적으로 종가에서 지내는 제사의 종류는 대체로 기제사, 명절 제사, 묘사 등 크게 세 가지라 할 것이다. 명절 제사는 그래도 비교적 간단하지만, 기제사의 경우 불천위와 고조까지 4대를 봉사할 경우 일 년에 기본이 10회이고, 묘사는 음력 10월에는 초하루부터 보름까지 거의 매일 묘소를 찾아가야 할 정도다. 접빈객은 예전만큼 많지 않지만 또한 없다고도 할 수 없으므로 접빈객의 도리를 알아 두지 않을 수 없다.

전래의 재산이나 각종 재실, 묘소 등은 종중 명의의 관리체제가 이루어져 있는 경우가 대부분이므로 종손이 특별히 신경 쓸 필요는 없다. 그러나 종손은 각종 제사의 제수 준비는 물론 제향 때 초헌관의 역할을 맡아 제향을 주도하므로, 이 점이 현실적으로 직장을 가진 젊은 사람으로서는 감당하기 어려운 측면이라 할 것이다. 또 종손은 종원의 정신적 지주 역할을 해야 하는데, 이 또한 끝없는 자기 수양이 필요할 뿐만 아니라 가문에 대한 특별한 관심이 있어야 가능한 일이다. 그래서 예로부터 국가에서 임금이 경연을 통해 끊임없이 공부하였듯이, 종손도 집안의 노성한 학자들이 끊임없이 인도해야 훌륭한 종손 역할을 할 수 있었던 것이다.

3) 종가의 유지

종가의 유지에 대해서는 조선시대에도 국가에서 달리 관여하지 않았다. 『경국대전經國大典』에는 적출嫡出이거나 서출庶出이거나 간에 소생의 자녀가 없을 경우에만 입후立後하도록 되어 있다. 서자가 있어도 입후할 수 없을 뿐만 아니라 딸만 있더라도 입후할 수 없게 되어 있다는 뜻이다. 그러나 실제로는 종통의 유지라는 측면에서 적자가 없을 경우 문중에서 정한 인물로 하여금 그 후계자 역할을 할 수 있도록 계후繼後 입안立案을 만들어 법적으로 힘을 실어 주었다. 경우에 따라서는 계후 입안 없이 문중의 합의에 의해서 결정되기도 하였다. 야계 송희규 종가의 경우 세 차례의 계후가 있었는데, 두 차례는 아우의 아들로 계후하였고 한 번은 사촌아우의 아들로 계후하였다.

4) 종손과의 대화

앞에서도 언급한 것처럼 야계 송희규 종가의 경우 20대손 송만수가 종손 역할을 수행하고 있다. 종손은 종손의 의미와 역할 및 책무를 인식하고 있으면서 이를 유지하기 위해 나름대로 여러 가지를 생각하고 있다. 필자가 그의 생각을 정리하는 것보다 이와 관련하여 대화 내용을 녹취 전사한 것을 제시하는 쪽이 훨씬 더 생동감 있을 것이라 판단하여 다음에 소개한다.

종손 송만수

(1) 부모와 조부모

문: 부모님에 대해 소개해 주세요.

답: 저는 부모님에 대한 소개보다 어른이 일찍 돌아가셔서, 조부님의 영향을 많이 받았어요.

문: 아버님은 언제 돌아가셨는지요?

답: 6·25 전에 내가 나기 직전에 돌아가셨어요.

문: 주로 조부께 교육을 받으셨습니까?

답: 내가 어릴 때 초등학교 1학년만 여기 있다가 나가 있었기 때문에 교육을 따로 받은 건 별로 없어요.

문: 조부님은 어떤 분이셨는지요?

답: 조부님은 신학을 하신 분입니다. 1899년생이신데, 그 당시 서울 보성전문학교를 나오셨어요.

문: 많이 개화가 된 집안이신가 봅니다.

답: 증조부가 그 당시 법부주사라고 법무부에서 근무하시다 일제 때 버리고 내려오셨고. 이 어른도 신학을 하시고 서울에서 공부도 하셨으니, 종손이 아니었으면 일본 유학을 하든지 하셨을 거예요. 집을 지켜야 되니까 그렇게 못 하셨고, 이 어른이 나중에 김천중고등학교 설립에 관여하셨고, 요즘 말로 하면 행정실장이다, 옛날에는 서무과장이라 했는데, 총자산 관리하는 그런 일을 오래 하셨고. 뒤에 성주 칠곡 성균관 유도회장도 하셨고, 그런 일들을 많이 하셨어요. 그리고 굉장히 건강하셨고, 이 어른이 구십 넷에 돌아가셨어요.

문: 성품은 어떠셨어요?

답: 밖에서는 대개 유하신데, 안으로는 굉장히 엄격하신 분이었어요. 이 어른이 할머니 돌아가시고, 혼자 여기 못 계시니까 대구에 나와서 지내기도 하셨는데, 그 당시 대구 담수회 창립 발기인도 하셨고.

문: 조부님께 본받고 싶은 점이 있을 것 같은데요?

답: 하하, 그 당시에는 집에 손님들이 엄청 많이 오셨어요. 원래 종가의 주된 일이 봉제사 접빈객인데, 이 어른이 그런 쪽에는 많이 정성을 다하신 거 같아요. 성주 지역 내에서도 다른 집안

들하고 유대가 굉장히 좋으셨어요. 성주뿐만 아니라 경상북도 일원의 유림들하고 유대가 많으셨지요.

문: 평소 생활하면서 강조하신 말씀은 무엇이었는지요?

답: 늘 말씀하신 것 중에는 특히 우리 집은 야계 선조 때도 그렇고, 일제 때 파리장서 이런 것도 있고 하니까 나라를 생각하는 마음은 늘 있어 왔기 때문에 그런 부분을 강조하신 편이지요. 윗대 어른들이 어떻게 살았는지 그런 이야기를 해 주셨고, 그리고 이 전체가 집성촌이니까 집안사람들하고 관계를 잘 가져야 한다는 그런 말씀을 평소에 많이 하셨어요.

문: 어머님은 어떤 분이셨어요?

답: 어머님은 학봉 지하로 선산 우거에서 온 의성김씨입니다. 동각 선생이라고 그 집에서 시집오셨어요. 저희 모친은 양반을 많이 강조하시는 분이셨어요. 조부님이 일찍 할머니가 돌아가시고 뒤에 재취로 할머니가 들어오셨는데, 시어머니인데도 아예 공대를 안 할 정도로 그래서 할머니하고 사이가 굉장히 안 좋으셨어요. 그러니까 할아버지하고도 사이가 안 좋으셨어요. 그래서 어른(부친)도 일찍 돌아가시고 하니까 누님을 데리고 대구로 나가셨어요. 거기다 그 당시 종가가 재물을 팔아서 쓰고 하니까, 모친이 볼 때는 불만이 많은 거예요. 어른(부친) 계실 때 모아 놓은 돈도 다 쓰시고 하니까, 저희 할아버지께서는 그 당시 민선 국회의원을 두 번 나가셔서 다 떨어지시고 해서 집의 살림을 거덜 냈어요. 그러다 보니까 굉장히 사이가 안 좋

으셨어요. 하하. 근데 모친은 생활력은 굉장히 강하셨어요. 그 당시에 재산을 다 날리다시피 했는데, 친정에서 돈을 받아서 대구 가서 집 한 채 사서 거기서 하숙생을 받아 돈을 벌어 누님을 사범학교 보냈으니까 생활력이 강하셨지요.

문: 유복자이신 선생님께 어떤 말씀을 해 주셨는지요?

답: 늘 친정 자랑 많이 하셨어요. 모친은 실제보다 외면 수습에 신경을 많이 쓰셨고, 늘 보면 행동을 흐트러지게 안 하셨어요. 본인에 대해 엄격하신 분이셨지요. 어느 어머니나 그렇듯이, 앞으로 종손이 될 사람은 모든 행동을 신중히 해야 한다는 그런 말은 누구나 하는 거지, 특별한 건 없었어요.

(2) 아내와 처가

문: 혼인은 어떻게 하셨는지요?

답: 둘이 청송에서 공무원으로 같이 근무했고, 또 내 대학교수 바로 종질녀예요. 내가 있는 연구실의 교수님이 집에 식구 5촌 아저씨예요. 집안은 서로 알았고, 중간에 소개해 줘서 청송에서 공무원 하면서 연애했어요.

문: 종부님 친정도 종가인지요?

답: 영양 두들. 석계 지하입니다. 석계 아들 7명 중에 넷째 아들, 항재 이숭일 지하 집이며 종가는 아니나 8대 주손 집이었지요.

문: 종부님 친정 부모님은 어떤 분이셨어요?

답: 집사람이 7남매인데, 오빠가 한 분 있고 딸로서는 맏이인데,

우리 장인도 일찍이 초등학교부터 대구 유학을 나오셨어요. 동인초등학교 나오시고, 대륜고 나오시고, 그 당시 경대 법대를 나오셨는데, 이 어른이 워낙 귀하게 크셨어요. 여러 대 독자로 내려오다 보니까 귀한 손자라고 조부 때부터 싸고돌면서 군에를 안 보냈어요. 군 미필자가 되어서 학교 선생도 영양 석보에서 하다가 그것 때문에 그만두고, 군 미필하면 제재가 많을 때니까 그것 때문에 아무것도 못했어요. 평생을 놀고 계신 분이셨어요.

장모님은 의성김씨인데, 길안에 한실마을에서 오셨는데, 그도 양반을 되게 찾는 분이셨어요. 하하, 장모님은 시집오셔서 장인이 평생 백수로 지냈으니까 얼마나 힘드셨겠어요. 그래도 불평 없이 사셨으니까 참 대단히 강한 분이시지요.

문: 집안 형편이 괜찮으셨나 봅니다.

답: 그때 장조부 계실 때는 재산이 꽤 있었지만, 평생 재산을 팔아서 살았으니까, 집이 좀 어려웠지요. 그래서 그 집에서 돈을 제일 먼저 번 게 우리 식구예요. 그런 쪽에서 생활력이 강한 편이지요.

(3) 자녀 교육

문: 아드님에게 특별히 교육하시는 것은 무엇인지요?

답: 아들은 80년생인데, 영맥회에 가기도 하고 국학진흥원 교육도 받고 했는데, 별로 관심은 없어요. 지난번에 영맥회에 참석하고

저녁에 오는 길에 소견 발표를 했다는데, 내가 '뭐라 했노.' 하니까 '누나가 아들이 되고, 내가 딸이 되었으면' 하는 그런 이야기를 했다고 해요. 하하. 그래 아들은 영맥회 한 번 나가고는 다시는 안 나가요. 아무리 가라고 해도 안 가더라고. 하하.

문: 그래도 아드님한테 해 주시는 말씀은 있으실 텐데요?

답: 나는 아들한테 '네가 보고 할 수 있으면 하고, 억지로 강요 안 할 테니까 본인이 알아서 결정하라.'고 하는데, 대신 내가 늘 하는 얘기는 있어요. '우리 집이 약 500년을 내려온 집인데, 네 대에서 문을 닫아서야 되겠나.' 하는 얘기는 왕왕 하지요.

(4) 종손으로서의 고민

문: 종손으로서 요즘 고민 되시는 것은 무엇인지요?

답: 요즘 고민은 내가 손자를 못 봐서 참 걱정이에요. 며느리가 곧 11월에 애기를 낳는데, 딸이라고 해요. 애들은 딸이면 어떠냐고 전혀 걱정을 안 해요.

그리고 영종회에서도 우리가 숙제로 남겨 둔 것 중에 하나가 종중 재산이에요. 예를 들어 한 3, 4남매 두면 사위가 와서 나눠 달라고 하면 안 줄 수가 없잖아요. 그것 때문에 임시 조치법을 만들어서 재산 보존에 관한 것을 의논해야 된다고 하고 있어요. 우리 같은 경우도 산들이 꽤 많이 있기 때문에 내 명의로 되어 있는 거는 분배할 때 문제가 생기지요. 옛날에는 딸한테 안 줬으니까 문제가 없는데, 지금은 달라고 하면 안

줄 방법이 없어요. 내가 우리 애한테 하는 얘기는 '가급적 다 물려받은 땅이니까 땅 팔 생각 하지 마라. 네 땅도 아니고 내 땅도 아니고 위에 어른들이 만들어 놓은 땅인데, 그 재산에 대해서는 손대지 마라.' 그렇게 말하지요.

문: 종손으로서 살아오시면서 가장 어려웠던 점은 무엇이었는지요?

답: 나 같은 경우는 조부님하고 사이에 한 대가 띄워졌잖아요. 실제로 내가 보고 배울 수 있는 기회가 많지 않았어요. 어느 날 이게 문화재가 되고, 책도 도둑맞고, 유물도 도둑맞고, 집도 불나고 하니까 도저히 내가 견딜 수가 없더라고. 그 당시 내가 마흔일곱에 여기 들어왔으니까, 집에 식구(아내)는 마흔셋이니까 고향으로 가려고 생각을 안 하지요. 내가 그 당시 사업도 하고 있었고, 그걸 정리하고 들어올 때 집에 식구하고 많이 다투었어요. 그때 결론이 오기 싫은 사람은 오지 말고 대구 살고, 나는 혼자 들어가겠다고 해서 혼자 여기 들어왔는데, 그때가 제일 어려웠지요.

그리고 요즘 혼자 있어도 밥솥이 밥 다 해 주니까 불편한 것은 없는데, 아무래도 안식구가 없으니까 집에 청소도 그렇고 잔손 볼 일이 불편하고, 내가 손님 오면 제일 미안해요. 내가 해 주는 건 한계가 있으니까 그런 게 불편하지요. 집에 식구가 만약 와 있으면 손님을 많이 접대해야 하겠지요.

문: 여기 요즘 손님이 많이 오시나 보네요?

답: 요즘 원불교 손님들이 많고, 그 외에도 인터넷 보고 오는지

수시로 와요. 단체로 미리 예약하고 오시는 손님이나 통보하고 오는 손님은 내가 나가서 설명하고, 개인적으로 오시는 분들한테는 다 못 나갑니다. 집 돌아보고 가고, 인터넷에 떠 있으니까 보러 오고, 세종대왕 왕자 태실 가까우니까 거기 갔다가 여기 둘러보러 오기도 하고, 나가 있던 지손들이 오는 경우가 많아요. 나가 살다 고향이라고 들르는 경우도 많고.

문: 선생님, 많이 바쁘시겠네요.

답: 하하, 그렇지요. 주로 일주일에 한두 번은 대구 나갔다 오고, 여기 있으면 유림 단체 일들이 할 일이 많아요.

문: 주로 어떤 활동을 하시는지요?

답: 영종회는 서부 지역 부회장이고, 성주, 칠곡, 상주, 김천, 구미 이렇게 5개 지역이 서부 지역인데, 영종회 일 맡고 있고, 담수회, 박약회, 유도회 이런 데 다 나가고 있어요.

문: 종손으로서 어려움은 언제 느끼시는지요?

답: 옛날에는 저희 조부 때만 해도 이 마을 전체 제일 큰 어른은 종손이에요. 할아버지가 결정하시면 모든 걸 따라 줬는데, 요즘은 전혀 안 그렇습니다. 특히나 성주 지역은 참외를 많이 하면서 경제적으로 부유해졌기 때문에 요즘은 종손을 자기들 일꾼 정도로 생각할 만큼 많이 달라졌어요. 집안일이 있어서 부탁을 하려고 해도 일을 도와줄 사람이 없어요. '우리는 참외 때문에 바쁩니다.' 이 한 마디에 다시 더 말을 못 해요. 옛날에는 마을의 구심점이 되어서 모든 걸 했는데, 지금은 그렇게 할

수 없으니까 조금 불편하지요.

(5) 제사의 변화

문: 제사는 예전에 비해 어떤 것이 달라졌는지요?

답: 몇 가지가 달라졌습니다. 첫째는 제사 지내는 시간이 달라졌어요. 예전에 새벽 제사 지내면 지금 한 80대 후반 되는 분들이 대구 많이 계실 때는 그분들이 한 20년 전에 60대일 때는 많이 오셨어요. 새벽 제사 지내면 여기 다 자고, 저녁에 와서 저녁 먹고, 새벽 제사 지내고 아침에 밥 먹고 가면 손님 접대가 엄청나게 힘들어요. 그래서 한 20년 전에 파젯날 초저녁 제사로 바꾸었어요. 그다음에 음식을 많이 바꾸었어요. 전에는 제사 지내면 음복이라고 해서 동네 집집마다 다 싸서 돌렸어요. 지금은 일할 사람이 없어요. 저녁에 제관한테도 음복을 일일이 나눠서 못 줍니다. 그래서 그날 저녁에 한꺼번에 모여서 먹는 위주로 제물을 바꾸었어요. 건어물 쪽은 좀 줄이고 고기는 좀 늘리고 이런 식으로 제수 종류는 거의 비슷한데 양하고 이런 걸 많이 바꾸었어요.

문: 초저녁에 몇 시에 지내세요?

답: 겨울은 6시, 여름은 7시. 왜냐하면 음력 10월은 7시도 깜깜하고 많이 늦으니까 6시 초저녁에 지내고, 고위 제사는 음력 4월이니까 7시에 지내도 밝은 때고 해서 시간을 탄력적으로 바꾸었어요.

(6) 송희규 종가의 자부심

문: 이 종가만의 자랑은 무엇인지요?

답: 이 집을 지으신 어른(송희규)이 저한테 20대조인데 야계 선조도 굉장히 강직하셨어요. 을사사화 때 귀양을 가셨는데, 명종이 즉위하고 문정왕후가 수렴청정할 때 사헌부집의를 하셨어요. 하시면서 문정왕후가 밀지를 내려서 대윤을 축출하고 이럴 때 굉장히 반대를 많이 하셔서 파직을 당하셨거든요. 원래 간관은 파직만 당하지 귀양을 못 보내는데, 그다음 해에 대구부사로 가셨을 때 양재역 벽서 사건이 일어나서 을사사화로 전라도 고산으로 귀양을 가셨어요. 문집 같은 데도 보면 성품이 굉장히 강직하셨던 것 같아요. 내용에 보면 '내 머리하고 몸은 부술 수 있을지언정 내 뜻은 못 꺾는다. 나는 도저히 동의를 못 한다.'고, 그 당시 사헌부에 대사헌하고 이런 사람들이 굉장히 회유를 많이 해도 끝까지 고집을 부리시고 귀양을 갔다 오셨어요.

그 뒤에 삼일운동 이후에 파리장서 활동에 참여한 열한 분 독립유공자가 나오셨고, 나라를 위해 충성하는 것을 많이 강조하셨고, 그런 쪽이 우리 집의 자랑이지요. 늘 그런 마음을 새기고 있고, 시류에 흔들리지 않으려고 하는 마음으로 살고 있지요.

문: 종가와 관련해 들려주고 싶은 이야기가 있으신지요?

답: 이 집은 특이하게 뒤에 산이 봉암산이에요. 요 앞에 보이는 낮은 산이 알 란卵 자 난산卵山이에요. 봉황이 알을 품은 자리

에 터를 잡으셨어요. 그런데 또 특이한 게 집안에 큰 회나무(회화나무)가 세 그루 있어요. 보통 풍수상 회나무는 많이 크기 때문에 집을 누를 정도의 큰 나무는 집안에 거의 안 심습니다. 안 심는데 특이하게 집안에 세 그루를 심었어요. 회화나무는 대과에 급제했을 때 심는 나무라고 해요. 그런데 한 십여 년 전에 원광대학에서 풍수하시는 교수가 오셔서 아마 모르긴 해도 그런 분들이 모르고 집안에 심지는 않았을 것이다. 분명히 연유가 있을 것이다. 나중에 얘기가 봉황이 알을 품고 있는 봉소포란지형鳳巢抱卵之形 풍수에는 화기가 강하니까 비보용으로 심지 않았겠나. 이 나무를 심은 정확한 연도는 아무리 자료를 찾아도 안 나오는데, 아까 얘기했다시피 20대조가 대과하셨고, 19대조가 대과하셨고, 18대조는 소과를 하시고 성균관에 유학하시다 웃어른들이 다 돌아가시니까 집 지키러 오시다 보니까 대과를 못 하시고, 그 아들 두 분이 대과를 하셨어요. 그래 네 분이 대과를 하셨는데, 회나무가 원래는 네 그루가 있었어요. 송공산[宋浚弼](1869-1943) 사시던 그 집도 전에는 이 집에 속해 있었으니까 그 집 나무는 죽고 세 나무가 남아 있는데, 아마 그때 심었지 않았을까 추정만 해요. 정확하지는 않은데, 아마 화기비보용으로 심지 않았을까 추정하는데, 그래도 두 번이나 화재가 났어요. 그것도 상당히 근거가 있는 거 같아요. 그 당시에 집이 규모가 상당히 컸기 때문에 성주군에 보면 백세각 설명에 그런 이야기가 나와요. 여기는 비 오는 날에 안집에는 종손 종부가 아니면 잠을 못 잔다고 해요. 말발굽 소리가 많이 나고 해서, 그만큼 기가 세서 주인이 아니면 못 잔다고 전해 오는 그런 이야기가 있고, 독수리가 날아오다가도 이 집에 오면 떨어진다고. 그래서 우리 집에 옛날부터 늘 말안장이 걸려 있었고, 독수리 박제가 집안에 있었어요. 내 어릴 때 없어졌지만. 그래서 성주군지에 두 가지 전설이라고 해서 백세각에는 종손 종부가 아니면 비 오는 날은 잠자기가 어렵다, 나는 새도 백세각 위를 날면 떨어진다는 그런 이야기가 있어요.

또, 이 집 백세각이 원불교와 관련이 있어요. 원불교 성지가 바로 이 근처에 있고, 원불교의 2대 종법사가 정산鼎山 송규宋奎(宋鴻昱, 1900-1962)라는 분입니다. 소태산 박중빈이라는 분이 원불교를 처음 만들었는데, 그 분이 만들 당시에는 종교로서 만든 게 아니고, 불법연구회라 해서 시작을 했는데, 이 양반이 제일 어린 나이에 단장이 되어 가지고 종교로 정착시킨 분이에요. 이 어른이 원불교에 귀의하기 전에 백세각에서 한학을 공부하셨어요. 그래서 원불교에 귀의해서 불법서를 가지고 원불교 교리를 만드는 데에 지대한 공헌을 했고, 그러한 학문적 토대가 여기에 있었다고 해서 그 어른 탄생지가 한 4키로 떨어진 건너 동네예요. 거기서 왔다 갔다 하면서 젊은 시절 공부를 했다고 해요. 원불교 총부에서 정산종사 탄생가를 성지로 만들면서 이 집에서 어릴 때 공부를 했던 집이라 했지요.

(7) 종가 유물 관리

문: 종가의 유물이나 유적은 어떻게 관리 보존하시는지요?

답: 장서 870권 있는 거 도둑맞고, 한석봉 선생 친필 병풍이 있었는데 그것도 도둑맞고, 그리고 22년 전에 백세각이 불이 나면서 원래 백세각이라는 현판하고 야계고택이라는 현판이 한석봉 선생 친필인데 그것도 다 불타고. 야계 할배 증손자 되고, 나한테 17대조인 울산부사 하신 그 어른이 한석봉 선생하고 교분이 있었어요. 한석봉 선생이 여기 오셔 가지고 거의 한 달 머무시면서 이 근처의 8곳의 경치를 송간 8경이라고 해서 시를 짓고 그걸 병풍으로 만들었는데, 72년도에 도둑을 맞았어요. 그래서 크게 남은 유물은 거의 없고, 백세각에서 항일 운동할 때 궐기문인 「통고국내문」을 지었는데, 지금 봉강서원 마룻장을 떼서 그 뒤에 새겨서 찍어서 그 궐기문을 배포했는데, 그 목판은 대구 집에 보관하고 있어요. 독립기념관에 기증을 하려고 했는데, 집에 가지고 있는 게 너무 없어서. 하하. 책 남은 것하고 목판은 국학진흥원에 다 기탁했어요.

(8) 종가에 전해 내려오는 고사

문: 윗대에 종손이나 종부님 중 소개해 주고 싶은 분 있으신지요?

답: 야계 선조가 귀양 갔다 오시면서 바로 지은 집이 이 집이에요. 그 당시 이 어른이 중앙 관직에 계시고, 다섯 개의 지방 관직을 하셨는데, 마지막에 대구부사를 하시다가 귀양 갔다 오셨

거든요. 청백리에 녹선된 굉장히 청렴하고 강직한 어른인데, 귀양 갔다 오시면서 이렇게 큰 집을 어떻게 지었을까. 그 당시 굉장히 규모가 큰 집인데 우리 문중에서도 그게 상당히 의아했는데, 한 4, 50년 전에 고령 개진에 있는 고령박씨 분재기가 나왔어요. 19대 조모, 아까 대과하시고 승문원정자 하시던 그 어른이 일찍 돌아가셨는데, 그 어른이 고령박씨에 출입을 하셨어요. 그 할머니가 야계 선생 자부子婦로 올 때 엄청난 재물을 가지고 왔어요. 그 재물이 어디 있는지 전혀 표시가 없어요. 아마 백세각 지은 재물이 그 재물일 것 같다는 얘기가 많은데, 정확하게 문헌에 나타난 것은 없어요. 그래서 요즘도 고령박씨들이 한 번씩 들리면 '여기 우리 집이다.' 그렇게 농담 삼아 많이 하는데, 19대 조모가 오실 때 재물을 많이 가지고 오셔서 그 재물로 이 집을 지은 걸로 봐요.

(9) 종가의 미래

문: 이 종가가 어떻게 유지·발전되기를 바라시는지요?

답: 유지에 자신이 없어요. 하하. 고택이 있는 집은 이게 국가 지정 문화재인 집도 있고, 지방문화재인 집도 있고 문화재로 지정이 안 된 집도 있고 한데, 이게 다들 목조 건물이지 않습니까. 이게 사람이 안 살면 빨리 퇴락을 하거든요. 그래서 도 지정 문화재는 도의 예산을 받아서 집을 고치고 해야 되는데, 그게 굉장히 어려워요. 경상북도에 특히 안동, 영주, 봉화 이

런 곳에 문화유산이 많으니까, 성주 지역은 성주군에서 관심이 별로 없어요. 성주는 참외가 제일 우선이에요. 성주군 예산은 참외에 먼저 들어가지 문화재 이런 데는 별 관심이 없어요. 이런 집 보수는 국비가 50%, 지방비 50%는 도비 50%, 군비 50% 이렇게 나누기 때문에. 성주군이 굉장히 작은 군이에요. 참외를 해서 농민들은 부자지만 군은 굉장히 가난해요. 그래서 다른 데 부탁하거나 예산 따오는 걸 별로 안 좋아합니다. 그러다 보니까 문화유산 이런 쪽으로 굉장히 취약한 면이 있어요. 성주가 유교 문화적으로 볼 때 굉장히 특이한 문화권이지 않습니까. 안동하고 경남 산청 사이에 끼어 있는 특이한 유교 문화권을 갖고 있으면서도 문화 유적에 대한 유지나 이런 데에 군이 신경을 덜 쓰는 편이라 아쉬운 점이 많지요.

문: 군에 건의하고 싶은 건 무엇인지요?

답: 우리 집을 보면 화재가 크게 두 번 났어요. 이쪽에 ㄱ 자 이쪽으로 한 집은 400년 된 목재가 그대로 있고, 앞에 저 안쪽에 왼쪽 편은 6·25 직전에 화재가 한 번 났고, 여기는 23, 4년 전에 화재가 한 번 났거든요. 그 뒤에 문화재 수리를 하면은 이게 도 예산이 떨어지면 그해 공사를 마무리하니까 목조 건물 집에 나무를 제대로 건조해 짓지를 않아요. 하면 다 터지고 다 돌아갔어요. 집이 지금도 보면 460년 전의 기둥이 현재 새로 한 것보다 더 든든해 보입니다. 그래서 목재가 제일 중요하니까 근본적으로 이 목조 건물에 대해서는 예산을 일 년에

집행하지 말았으면 좋겠는데, 예산 관계가 그렇게 안 되나 봅니다. 공사하는 사람들도 어떻게 할 방법이 없다고 말해요.

문: 국가나 도에 바람이 있으시다면 말씀해 주세요.

답: 우리 집 같은 경우에는 국가지정문화재 신청을 몇 번 했다가 떨어졌거든요. 왜냐하면 임란 이전에 우리나라 목조 건물이 많지 않습니다. 1551년 거의 임란 40년 전에 건물인데, 우리집은 중간에 문화재라는 가치를 인정하기 이전에 우리가 6·25까지 살다가, 6·25 때 피난을 가면서 봉강서원으로 피난을 갔어요. 그 산속에. 그때부터 거의 6, 7년 동안 여기를 비워 놓았어요. 6·25 때 인민군도 왔다 가고 하면서 돌도 빠지고 집이 험해졌어요. 집에 일하는 하인들도 다 흩어지고, 할아버지 할머니 내외분이 그 큰 집에 살지를 못해서, 성주의 다른 집에서 한옥을 뜯어 옮겨 와서 여기서 기거를 하셨어요. 집이 군데군데 많이 빠지고 하니까, 그 당시에 집안에 국회의원 한 분이 계셨는데, '종갓집이 이렇게 허물어져서야 되겠느냐.'고 해서 그 분이 공화당에 사무차장하고 해서 힘이 좀 있었는지 국비를 얻어와서 집수리를 대대적으로 했어요. 하면서 집을 잘못 수리했어요. 그때는 문화재도 아니고 그러니까, 저기다 빠진 돌들도 많고 하니까 시멘트를 비벼 넣어서 저 밖에 나온 돌들을 옆에다 붙였어요. 그러다 보니까 한 30년 지나고 나니까 집이 많이 돌아갔어요.

문화재 전문위원들이 집수리 때문에 왔을 때 얘기가 나중에

결론이 뭐냐 하면 이 집이 시멘트를 비벼 넣어서 돌아가면서 했기 때문에 집이 숨을 못 쉬니까 습기 배출을 못 해요. 습기를 많이 먹고 있는 채로 햇빛을 보니까 집이 뒤틀리게 되었어요. 수리를 그냥 상태로는 할 수도 없고, 그래서 그 당시 문화재 전문위원들 얘기로는 이 집을 바로 살리려면 해체해서 새로 조립하지 않으면 할 수 있는 방법이 없다고 하더라고요. 한 10여 년 전인데, 그 당시 그렇게 하려면 예산이 10억 이상이 든대요. 그것 때문에 도에 담당자도 만나 보고 계장도 만나 보고 했는데, 도 예산으로는 몇 억씩 줄 수가 없다고 해요. 그 당시 담당자 얘기는 중앙정부에 올라가서 지방교부세를 받아 오든지 해야 되지, 지방정부 예산으로는 이 큰 집을 어떻게 할 수가 없다고 해서 그 뒤부터는 포기하고 부분적인 수리만 하고 있어요. 그러니까 군이나 도의 힘으로 할 수가 없어요. 그것 때문에 성주군에서도 국가 지정 문화재 신청을 여러 번 했었는데, 변형이 많이 되어 있어서 탈락되고, 그 다음에 삼일운동 관련 사적으로 신청해 봐도 탈락되고. 우리 불천위 종손 몇 사람이 하는 얘기가 있어요. 돈 없고 집안에 힘없는 친구들이 하는 얘기가 어쨌든 이 상태로 1, 2백 년 끌어 나가다 보면 중간에 누가 나와도 잘난 놈 하나 나올 거니까 그때 수리하자. 우리는 그렇게 가끔 얘기해요. 하하.

문: 종가 문화 중 계승되어야 할 부분과 변화되어야 할 부분은 무엇이라 보시는지요?

답: 지금 종가도 혼례 상례는 많이 바뀌었잖습니까. 제례도 좀 바뀌면 좋겠어요. 주위에서도 보면 4대를 안 지내고 하는 집들도 많이 있거든요. 옛날에 제례에 대한 책을 보면 제상이 간소했어요. 요새같이 쌓아 놓고 하는 집이 거의 없었어요. 그리고 탕도 5탕은 사대부, 삼정승, 종2품 이상 아니면 5탕을 안 쓰고 했는데, 요즘은 너나없이 있는 대로 쌓아 놓고 지내지 않습니까.

계승할 부분은 종가 정신을 그대로 이어 가면 좋겠는데, 정신하면 막연한데, 예를 들어 위에 선조들이 상당히 충성스러웠다고 하는데, 나라가 평온하니 충성스러운 정신을 찾을 일도 없고. 나는 애들한테도 '니가 보고 느낀 대로 하고 나는 강요는 안 한다.' 그러는데, 앞으로도 종가 문화 하면 봉제사 접빈객인데, 접빈객은 사실 많이 줄어들었습니다. 그래도 제사는 불천위가 있으니까 이어 가야 안 되겠나 싶고, 불천위 정신은 잊지 말고 그 정도지 특별하게 계승해야 될 것은 없는 거 같아요. 근데 일반 기제사는 바꾸고 싶은데, 어려움은 있어요. 사당에 불천위하고 4대를 모시는데 신주를 모시고 안 지낼 수도 없고. 그래서 우리 영종회에서도 모여서 가끔 그런 이야기를 해요. '사당에 신주를 모시고 있으면서 4대를 안 지내는 것은 문제가 있다. 대신에 고위 비위를 합해서 지내 보자.'는 이야기를 가끔 하고 있어요. 그렇게 시행하는 집도 있고. 묘제 문화 중에 바꿀 것도 있어요. 종중 묘제는 제물을 많이 준비하거든요. 산에 지고 올라갈 사람이 없어요. 그래서 퇴계 선생 집에도 그렇게 하고 있는 걸로 알고 있는데, 일단 청에서 묘사를 지내고 빈 몸으로 가까운 산소를 찾아가 지내면 좋겠는데, 우리는 그걸 몇 번 건의했다가 아직 그렇게 못 하고 있어요. 아직 산소로 음식을 가지고 가서 지내니까 젊은 사람들이 한 번 왔다가 다시는 안 오려고 해요, 힘들어서. 하하. 아직까지 고집 센 분들이 몇 사람이 있어서 그렇게 못 하고 있는데, 바꿔 나가야지요.

문: 마지막으로 종손으로서 바람은 무엇인지요?

답: 나는 우리 가까운 일가들한테 그런 얘기를 하는데, 사실은 아무리 요새 세상이 바뀌고 이렇더라도 지손들이 종손을 많이 도와줘야 돼요. 남 같이 생각하면 완전히 남이거든요. 내가 가끔 집안사람들한테 하는 이야기 중에 가능하면 사는 게 불편하지만 집에 사당이 있고 하기 때문에 명절 되면 고향 찾아오면 사당에 와서 절이라도 한 번 하고 갔으면, 중시조 분을 한 번 뵙고 가는 게 어떻겠냐 하는 얘기도 하고, 그다음에 와서 종손 얼굴도 한 번 보고 갔으면 안 좋겠나 하는 얘기를 하는데, 이것도 어떻게 보면 종가의 경제력하고도 밀접한 영향을 미칩니다. 백불암종택 가보셔서 알지요? 그런 집은 설날 사람들 감당을 못해요. 눈도장 안 찍으면 안 될 정도로 그렇거든요. 그런데 우리는 와도 종중이라고 있어 봐야 필요할 때 돈 내라는 소리나 하지, 종가가 종원들에게 도움을 못 주

니까, 우리 같은 경우에는 한때는 살림이 넉넉할 때도 있었는데, 지금은 종중 살림도 별로 없고 이러니까 우리는 대구에 있는 종친회가 없어진 지가 벌써 30년이 되었어요. 종친회 회장할 사람이 없어요. 종친회 회장 하면 1년에 몇 백만 원씩 내놓고 해야 되는데, 그런 일을 할 사람이 없어요. 종가의 경제력하고도 굉장히 영향을 미치는 것 같은데, 그렇더라도 지손들이 종손은 안 보더라도 사당에 모시고 있는 중시조라도 1년에 한 번쯤이라도 보고 갈 수 있는 그런 기회가 되었으면 좋겠는데, 요즘은 그런 게 없어요. 사실 전에는 그믐날 되면 사당에 자리를 깔아 놓고 하면 집에 차례를 보고도 들여다보고, 미리 왔다가 차례 지내러 가고 했는데, 요즘은 전혀 그런 게 없어서 아쉽기는 아쉬워요.

문: 감사합니다.

야계 송희규 종가는 기제사와 명절 제사 또한 예전에는 백세각에서 불천위제사의 예에 준하여 받들어 모셔 왔으나, 자녀 교육과 직장 문제로 대구에 거처한 이후부터는 4대 내외에게 지내는 아홉 차례의 기제사와 명절 제사는 대구의 사가에서 지방을 써서 받들어 모시고 있다.

대구로 거처를 옮기게 된 배경에는, 앞에서 살펴본 것처럼 송희규의 종가 백세각의 방이 안채에 3개, 별당채에 1개, 안사랑채에 2개, 바깥사랑채에 2개, 행랑채에 1개가 있어 모두 9개나 되

종손과의 대화

고, 대청이 2곳, 다락방이 4칸, 부엌채가 2칸이 있으니 종손과 종부 2인만으로는 청소를 포함한 단순 유지조차 도저히 감당할 수 없다는 점도 큰 이유가 되었을 것이다.

1980년대 이전에는 농촌 인구가 도시로 많이 빠져 나가기는 하였으나, 그래도 고산정마을 같은 경우는 야성송씨의 집성촌으로서 종가를 중심으로 마을 전체가 한 덩어리로 화합하고 협조하는 분위기가 뚜렷하였다. 그러나 80년대 이후 급격한 산업화로 인해 농촌에 거의 노년층 인구만 남아 있게 되면서 종가의 유지에도 여러 가지 문제점이 드러나게 되었다.

종손이 종가를 지키는 경우, 종손은 찾아오는 손님의 접대, 즉 접빈객의 역할을 하지 않을 수 없게 되어 있다. 조선시대 이래 이는 종손의 주된 역할이기 때문이다. 접빈객을 하다 보면 생업에 종사하기가 어려울 수밖에 없다. 그러나 현실은 조선시대처럼 일을 해 줄 사람이 주변에 아무도 없을 뿐만 아니라, 묘사를 위한 위토답이나 봉제사를 위한 제위답 등으로 전래해 오는 종가의 토지 또한 스스로 농사를 짓기도 어렵고 지어 줄 사람도 없는 형편인데, 종가 주변의 일가 노인들은 종손이 많은 토지를 소유하고 있다는 것만 알고 무언가 득을 보려는 생각을 가지는 경우가 더러 있다는 것이다.

이런 일만 해도 버티기 어려운데 기제사만 1년에 11차례가 있어서, 제사 때마다 종손과 종부 두 사람만의 힘으로 이를 장만하지 않을 수 없는 현실이 마음과 몸을 공히 매우 무겁게 하고 있음을 인정하지 않을 수 없다. 일할 만한 젊은 사람들이 설사 있더라도 이들 또한 '왜 우리만 이런 고생을 하여야 하는가?'라면서 하나둘 마을을 떠나 도시로 나가게 된 것이다. 일할 사람은 없고 찾아오는 참제자는 여전히 적지 않으니, 이는 종부 한 사람에게 너무 큰 부담을 지우는 결과밖에 되지 않는다.

마침 한 동네에 사는 동년배의 일가 여덟 사람이 불천위 제삿날만큼은 내외가 모두 한마음이 되어 협조해 주기 때문에 지금은 큰 어려움 없이 불천위 제사를 모실 수 있다. 그러나 4대 기제사 같은 경우에는 이들에게 계속 도와 달라고 요구하기가 어렵기 때문에 대구에서 조촐하게 지낼 수밖에 없는 상황에 이르렀다고 한다.

야계 송희규 종가의 종부는 영양 석포의 재령이씨 항재恒齋 이숭일李崇逸 가문에서 성장하여 이곳으로 시집왔다. 그녀는 25세 때부터 종가의 모든 제사를 맡아서 지금까지 40년을 하루같이 변함없이 해 오고 있다고 한다. '보람을 느낀 경우가 있는가?'라는 질문을 해 보았더니, 금방 '그런 것을 느껴 본 일은 전혀 없다.'고 잘라 말씀하신다. 얼마나 힘들었으면 저렇게 대답하실까 하는 생각이 들어 연민의 마음이 들 정도다.

그러나 한편으로 생각해 보면 종부는 참으로 무시무시한 인내심과 책임감으로 40년 세월을 버텨 왔다는 생각이 들어, 저절로 존경하는 마음이 일어난다. 또 종부가 이처럼 종손과 마음을 맞추어 주지 않았으면 결코 종손이 종손으로서의 역할을 제대로 하기 어려웠을 것이라는 사실 또한 분명하다.

오늘날은 가통이란 개념이 희박해졌고 대부분 개인 위주로 살고 있다. 그러니 같은 20대조의 후예라는 의식으로 친밀감을 느끼는 경우도 거의 없어져 가고 있는 것이다. 나와 4촌이 되는 사람의 손자들끼리가 8촌이 되는 것이니, 8촌이 그리 먼 친척은 아니다. 그러나 요즈음은 사촌끼리도 잘 만나지 않으니 8촌은 전혀 모르는 남에 불과하고, 같은 20대조의 후예가 도대체 나에게 무슨 의미가 있는가 하고 의아해할지도 모른다.

종부나 차종손마저도 이처럼 일가친척들이 별로 관심을 가져 주지 않는데 종손만 정성을 들여 제사를 지내는 것이 과연 의미가 있는 일인가 반문하였다. 참으로 누구도 여기에 대한 명쾌한 답변을 하기는 어려울 것이다. 우리 전래의 제사란 종교의 의식과 같은 것이다. 종교의 의식은 종교를 믿지 않는 방외인에게는 아무런 의미가 없다. 마찬가지로 조상의 학문과 덕행을 추모할 줄 알고 조상의 고마움을 알고 나아가서 조상의 존재 자체를 감사해 하는 마음을 갖고 있는 사람이 모두 사라진다면, 우리 전래의 제사 또한 그 명맥을 이어 갈 명분이나 의미가 없어질 것이다. 더구나 제사를 지내지 않는 것이 더욱 발전적인 사고방식이라는 확신이 있다면 이 또한 제사를 사라지게 하는 데 일조할 것이다.

그러나 현대에 가장 앞서간다는 서양 사람들도 조상에게 고마워할 줄 알고 자신의 조상이 누군지 알고자 줄기차게 노력하는 것을 보면, 조상을 알고자 하고 조상의 학문과 덕행을 추모하고자 하는 것이 아름다운 풍속이 아니라 할 수는 없을 것이다. 다만 그 형식이 지나치게 복잡한 것은 간소화할 필요가 있으나, 없어져야 할 것이라고 말하기는 어렵다. 형식이 없어지는 순간 그 내용조차 담을 수 없기 때문이다.

제사라는 형식이 오늘날 우리에게 주는 최소한의 의미는 형제자매로부터 시작되는 가까운 피붙이의 얼굴을 대면함으로써 자연스럽게 서로 정의를 함양할 수 있다는 점일 것이다. 만나 보지 않으면 정이 생길 수 없음은 자명한 이치가 아닌가. 그런 의미에서 자연스럽게 남녀가 공히 제사에 참여할 필요가 있을 것이다. 주자의 『가례』에서도 남성과 여성이 좌우로 나누어 항렬과 나이에 따라 차례대로 벌여 서서 제사에 참여하게 되어 있으니, 여성의 제사 참여를 다시 말할 필요가 있겠는가.

제사 음식의 종류나 그 분량에 대해서도, 조선시대 사대부들이 그렇게 받들어 시행했던 주자 『가례』에서 그 사치함을 경계한 바 있다. 그러니 간소하게 할 필요가 있으면 당연히 간소하게 하면 되고, 음식의 종류도 경우에 따라 얼마든지 전통과 다르게 마련할 수 있다. 조선시대부터 지금까지 살고 있는 곳에 따라 제수의 종류와 분량이 엄청나게 다르다는 사실을 알고 나면, 제수의 종류에 대해 고정관념을 얼마든지 깰 수 있고 그것이 전혀 문제가 되지 않음 또한 알 수 있다. 조상의 제사가 후손의 화목을 이루는 중요한 계기가 되도록 하는 것 또한 노력에 의해 충분히 가능한 것이다.

그리고 종가의 재산을 길이 보전하기 위해 가칭 '백세각보전회百世閣保傳會'를 결성할 필요가 있을 것이다. 송희규 후손들의 일반적인 모임이 아니라, 백세각과 사당, 정려각, 송간정, 용계서당, 봉강서당, 단구재 등을 유지 보수하기 위한 모임으로서, 불천위기제사의 보전保傳도 그 범주에 넣지 않을 수 없다. 전해 오는 종가 소유의 재산 가운데 종손 개인의 것이 아니고 종물이라 판단되는 것은 이 보전회가 관리하면서, 종손 개인이 모든 관리의 책임에서 벗어나게 하는 것이 종손의 책임을 그나마 가볍게 해 주는 하나의 방법일 것이다. 종손은 평소에 자신의 개인적 삶을 영위하고, 필요할 때 몸만 나타나면 되도록 해야 할 것이다. 이는 어찌 보면 모든 종가가 처한 상황이기도 하니 함께 좋은 방법을 모색하면서 공동으로 대처하는 방안을 찾아내어야 할 것이다.

이런 생각을 가지고 끊임없이 바람직한 길을 모색해 나간다면, 야계 송희규 종가 또한 성주를 대표하는 종가로서의 품격을 길이 유지할 수 있으리라 생각된다.

참고문헌

權相一, 『淸臺集』

宋浚弼, 『恭山先生文集』

宋希奎, 『倻溪集』

李文楗, 『默齋日記』

李彦迪, 『晦齋集』

李滉, 『退溪集』

周敦頤, 『通書』

周楫, 『西湖二集』

朱熹, 『家禮』

『春秋左氏傳』

宋載杰, 『國譯先世文獻』, 譜文社, 2011.

宋載杰, 『冶城世稿抄』, 譜文社, 2011.

宋萬銖, 『冶城宋氏忠肅公大祭笏記』, 大譜社, 2014.

冶城宋氏忠肅公派譜編纂會, 『冶城宋氏忠肅公派派譜』, 大譜社. 1995.

李元禎著 李相弼譯, 『國譯京山志』, 星州文化院, 2014.

유림단독립운동실기편찬위원회, 『국역유림단독립운동실기』, 대보사, 2001.

지은이

이상필 李相弼

1955년 경상북도 성주에서 태어났다. 영남대학교를 졸업하고 한국정신문화연구원 한국학 대학원에서 한문학 전공으로 문학석사 학위를, 고려대학교 대학원 국문과에서 한문학 전공으로 문학박사 학위를 받았다. 현재 경상대학교 교수로 재직 중이다.「남명학파의 형성과 전개」를 비롯하여 남명과 남명학파 관련 논문 60여 편을 발표하였다.

경북의 종가문화 52

고산정마을의
백세각,

성주 야계 송희규 종가

찍은 날 2019년 6월 10일
펴낸 날 2019년 6월 13일

기획 경상북도·경북대학교 영남문화연구원
지은이 이상필
펴낸이 김상동
펴낸 곳 경북대학교출판부
출판등록 1973년 10월 10일 ㉑97호
주소 대구광역시 북구 대학로 80
전화 053-950-6741~3
팩스 053-953-4692
이메일 press@knu.ac.kr
홈페이지 http://knupress.com

ISBN 978-89-7180-522-0 94900
978-89-7180-521-3 (세트)

정가는 뒤표지에 있습니다. 파본은 바꾸어 드립니다.